L'AUBERGE

ALLEMANDE.

L'AUBERGE ALLEMANDE,

OU

LE TRAÎTRE DÉMASQUÉ,

COMÉDIE

EN CINQ ACTES, EN VERS,

IMITÉE DE L'ALLEMAND,

PAR les Citoyens *** et CHAZEL, père;

Représentée, pour la première fois, sur le Théâtre de Molière, le 1er. Pluviôse de l'an VII; remise au Théâtre du Marais, le 15 Thermidor de la même année.

A PARIS;

Chez { F. GAY, Libraire, au Magasin de la Bible, rue
de la Harpe, n°. 464.
Les MARCHANDS de Nouveautés.

1801. — IX.

PERSONNAGES (*).   EMPLOIS.

Le Comte de RANZIN.	Grand-père noble, ou financier ; s'il avait beaucoup de sensibilité.
Le Comte de BANBERG.	Père noble, ou grand raisonneur.
Le Baron de PREISING.	Premier rôle.
Monsieur VERLIN.	Jeune premier.
WOLF, Aubergiste.	Premier comique.
WERNER, valet du Comte de Bamberg.	Second comique.
LUZI, vieux Domestique attaché à Verlin.	Troisième rôle.
ALBERT, Valet du Comte de Ranzin.	Accessoire.
Un COMMISSIONNAIRE.	Accessoire.
Madame VERLIN.	Jeune première.
LUCILE, Suivante de Madame Verlin.	Premier rôle.

La Scène est à Prague dans l'Auberge de Wolf.

(*) Les places des acteurs sont indiquées par l'arrangement des noms ; en allant de la droite à la gauche. Lorsque la situation de la scène exige un mouvement essentiel, il est indiqué par un nouvel ordre de noms posés en note, au moment où il a lieu.

L'AUBERGE ALLEMANDE,

OU

LE TRAITRE DÉMASQUÉ,

COMÉDIE.

ACTE PREMIER.

Le théâtre représente une salle d'auberge, avec trois portes dans le fond, et deux autres à la seconde coulisse de chaque côté; celle à droite (*) conduit à l'appartement de M. Verlin; l'autre, vis-à-vis celui du comte de Bamberg. Des trois du fond, celle à droite mène à l'escalier qui conduit au-dehors; les deux autres aboutissent à l'intérieur et à l'extérieur. Il est presque nuit.

SCÈNE PREMIÈRE.

Madame VERLIN, LUCILE.

(*Elles sont assises au lever du rideau; madame Verlin brode au tambour; Lucile travaille à quelque autre ouvrage*).

WOLF *sort du fond et vient entre elles deux.*

Eh bien! aurai-je enfin de l'argent? C'est le point;
Oui, de l'argent comptant: j'en veux, n'en fût-il point.
Mon auberge est mon bien, mes loyers, ma ressource.
Voyons qui de vous deux, mesdames, a la bourse?

(*) En parlant de la droite ou de la gauche, on entend toujours celle de l'acteur.

I

Le baron de Preising , vous amenant chez moi ,
Me fit honneur.

LUCILE.

Cher Wolf!....

WOLF.

Argent de mince aloi !
Si vous ne deviez rien , vous feriez la tigresse.
Je ne puis me payer de douceurs , ma princesse ,
Mais de métal frappé , comme on dit , au bon coin.
En un mot , c'est d'argent ou d'or que j'ai besoin.
C'est entendu , je crois.

LUCILE.

Encor cette semaine.

WOLF.

Huit jours , diable ! c'est trop. Demain , ma belle reine :
A midi votre compte , ou délogez d'ici.
Voilà mon dernier mot ; à demain , à midi.

(Il sort).

SCENE II.

Madame VERLIN, LUCILE.

Madame VERLIN.

Dieux ! que faire , Lucile ? Ah , nous sommes perdues !

LUCILE.

Non , madame ; et du ciel les bontés imprévues.....

Madame VERLIN.

Je ne puis , en effet , en attendre d'ailleurs :
Où trouver la vertu , lorsqu'il n'est plus de mœurs.
Oui , cette humanité que partout on nous vante ,
Ne part point de nos cœurs , c'est l'orgueil qui l'enfante ;

Et plus d'un mouvement de générosité
A peine existerait sans la publicité.

LUCILE.

C'est qu'on ne connaît pas assez votre infortune ;
Je l'ignorais : la peur de vous être importune ,
A gêné là-dessus ma curiosité.
Vous venez réclamer , près d'un père irrité ,
Les droits de la nature, implorer sa clémence :
C'est-là l'unique point dont j'aie eu connaissance ;
Vous vous cachez si bien sur le reste. . . . .

Madame VERLIN.

Il le faut.
Eh, qu'obtient-on , ma chère , en se plaignant trop haut ?
Une pitié sterile , et jusqu'au mépris même.

LUCILE.

Lorsque j'apprends vos maux , mon bonheur est extrême
De pouvoir subvenir au plus pressant besoin.

Madame VERLIN.

Epargnez-moi , de grace, et n'allez pas plus loin. . . .
Tu pleures. . . . .

LUCILE.

D'un refus qui me pénètre l'ame ,
Je n'avais pas dessein de vous blesser , madame.

Madame VERLIN.

Tu ne m'as point blessée. Ah, cache-moi tes pleurs !
Je t'estime , et bientôt tu sauras mes malheurs.

———————

SCÈNE III.

Madame VERLIN, LUCILE, LUZI.

Madame VERLIN *à Luzi.*

QUE fait ton maître ?

LUZI.

Il vient.

Madame VERLIN.

De la lumière, vite!

(*Luzi éclaire Verlin, qui entre troublé, et se jette dans un fauteuil*) (*).

Qu'avez-vous, cher ami ? Qu'est-ce qui vous agite ?
Vous m'effrayez, Verlin !

VERLIN.

Ah, le monstre !

Madame VERLIN.

Comment ?
Mon cœur frémit.

VERLIN.

Pardonne à ce saisissement
Que je n'ai pu cacher. . . . Ce Wenzel, ce barbare,
Qui d'un crédit puissant, auprès de moi se pare,
Qui s'offre à me servir, qui me fait déposer
Le seul fonds dont je pusse encore disposer,
M'excite de sang-froid à prendre patience,
Me raconte qu'un autre obtient la préférence,
Qu'il faut chercher ailleurs ; puis me quitte, s'en va ;
Et moi, pétrifié du coup, je reste-là,
Sans me venger de lui. . . . . Qu'il frémisse, qu'il tremble !

_____

(*) Verlin, madame Verlin, Lucile, Luzi.

Verlin !

Madame V e r l i n.

V e r l i n.

Infortunée !

Madame V e r l i n.

Eh , nous sommes ensemble !
Oublierais-tu , Verlin , lorsque j'ai ce bonheur ,
Qu'aucune adversité ne peut rien sur mon cœur !

V e r l i n.

Ah ! loin de l'oublier , c'est ce bien qu'on m'envie ,
Qui seul me fait porter le fardeau de la vie !
Si mon adversité ne pesait que sur moi ,
Moins à plaindre ; j'aurais d'heureux momens par toi ;
Mais te voir partager tous les maux que j'endure ,
Pour ton fidéle époux , cette épreuve est trop dure.

Madame V e r l i n.

N'y succombons jamais , domtons-les par l'amour.
Mon ami , je l'espère , ils finiront un jour.
Mais que votre silence alarme ma tendresse !

V e r l i n *se levant.*

Oui , c'est mon seul parti.

Madame V e r l i n.

Vous sortez !

V e r l i n.

Je vous laisse ;
Je reviens dans l'instant.

Madame V e r l i n.

Où voulez-vous aller ?
Il est nuit , mon ami , veux-tu me désoler ?
De grace , par pitié ! . . . .

VERLIN.

De la pitié ! Quel homme
En éprouva jamais moins que moi ; qu'il se nomme !
O ma plus tendre amie, mon Arthénice, ô toi
Qui vis dans le malheur, et n'y vis que par moi,
Je veux te voir heureuse, ou périr !
(Il s'échappe).

Madame VERLIN.

Non ; arrête !

Lucile, ô ciel ! Luzi, dieux, quel malheur s'apprête !
Au secours, au secours !

SCÈNE IV.

Madame VERLIN, LUCILE, LUZI.

LUCILE.

Volez, courez, Luzi !
Retenez votre maître, et l'amenez ici :
Vous l'avez, comme moi, vu sortir en furie.

LUZI.

Comptez sur mes efforts, j'en réponds sur ma vie.
(Il sort).

SCÈNE V.

Madame VERLIN, LUCILE.

Madame VERLIN.

Ou va-t-il ? Que veut-il, et quel est son espoir ?

LUCILE.

On frappe.

Madame VERLIN.

Vois, ma chère.

SCÈNE VI.

LUCILE, Madame VERLIN, LE BARON.

Le Baron.

Ah, madame, bon soir !

Madame Verlin.

Baron, l'avez-vous vu ?

Le Baron.

Qui ?

Madame Verlin.

Mon époux.

Le Baron.

Qu'entends-je ?
Quoi ! cet homme agité d'une façon étrange,
Tout égaré, courant, et qui m'a fait grand peur ;
C'est mon ami, madame ?

Madame Verlin.

Oui, lui-même, monsieur.

Le Baron.

Je ne l'ai point connu, la nuit était trop noire.
Mais où court-il, madame ?

Madame Verlin.

Autant que je puis croire,
Il en veut à Wenzel, qui, sous l'appât trompeur
D'un crédit supposé près de son protecteur,
L'a réduit à céder sa ressource dernière.

Le Baron.

Ah, le trait est cruel !

Madame VERLIN.

Son heureux caractère
Ne lui laisse jamais soupçonner dans autrui,
Les ruses, les défauts qui ne sont pas en lui.
On le joue, on séduit son ame trop honnête,
Et c'est, dans ce moment, ce qui trouble sa tête.
Je sens tout mon malheur !

LE BARON.

Vous êtes sure au moins,
Madame, d'être encore l'objet de tous ses soins . . . . .
Quoiqu'on dise pourtant. . . . .

Madame VERLIN.

Comment ! . . . Daignez m'instruire.

LE BARON.

Je n'ai garde.

Madame VERLIN.

Voyons ! . . .

LE BARON.

Non, non ; je me retire :
Je troublerais, madame, au moins votre repos.

Madame VERLIN.

Eh, puis-je en conserver après ces derniers mots !

LUCILE.

Ah, par pitié, monsieur, faites-vous mieux entendre !

Madame VERLIN.

Hier au soir, déjà, sans vous faire comprendre,
Vous m'avez alarmée. Otez-moi de souci,
Mon père ? . . . .

LE BARON.

Il ne sait pas que vous êtes ici ;
Vous auriez de sa part peut-être moins à craindre.

Madame VERLIN.

Ah ciel!

LE BARON.

J'en ai trop dit ; je n'ai pas l'art de feindre.
Imprudent que je suis !

LUCILE.

Mais parlez donc , monsieur !

LE BARON.

Je ne puis....

Madame VERLIN.

Quel mystère !

LE BARON.

Il déchire mon cœur.
De tous côtés je vois que je ne puis vous plaire ,
Soit que je veuille encor m'obstiner à me taire ,
Soit que je vous révèle. ...

Madame VERLIN.

Achevez !

LE BARON.

Votre époux
Est trop de mes amis.

LUCILE.

J'achèverai pour vous.
Je crois voir ce que c'est ; et Wolf, à sa manière ,
Me contait ce matin l'histoire singulière
D'un amour que mon maître a pour un vil objet.
N'est-ce pas là , monsieur , le prétendu secret
Qui vous pèse si fort , et que vous n'osez dire ?

LE BARON.

A faire cet aveu , je n'ai pu me réduire :
Au moins , c'est vous , Lucile . .

Madame Verlin.

Eh ! vous croyez, Baron,
A cette calomnie, à ce crime ?

Le Baron.

Oui et non.
Quelquefois le cœur change, et la plus belle flamme,
Chez le meilleur mari, peut s'altérer, madame ;
Mais je n'affirme rien, comme vous le voyez :
Je dis peut-être.

Madame Verlin.

Non, monsieur ; vous le croyez.
Vous son ami, Baron, vous le mien !

Le Baron.

Arthénice !
Si l'amour vous aveugle au bord du précipice !

Madame Verlin, *avec fermeté.*

C'est assez.

SCÈNE VII.

Les mêmes, WOLF une lumière à la main, le Comte
de BAMBERG en habit de voyage, deux Valets portant
une malle.

Wolf.

Par ici, monsieur ; suivez mes pas.

(Ils entrent dans la chambre à gauche).

S C È N E   V I I I.

LUCILE, Madame VERLIN, LE BARON.

L u c i l e.

Voila de cet hôtel l'ordinaire embarras ;
Aux logemens divers ce lieu sert de passage.

L e   B a r o n *à Wolf qui repasse* (*).
Vous gênerez madame, avec ce voisinage.

W o l f.

Vraiment, n'ais-je pas tort de ne pas ménager
Des gens que, chaque jour, j'invite à me changer ;
Dont je n'ai pas encor reçu la moindre obole !
(*A Lucile*).
Mais, vous savez mon mot : plus d'excuse frivole ;
A demain mon argent.

L e   B a r o n *à Wolf.*
Vous le prenez bien haut !

W o l f.

Je crois n'avoir rien dit, monsieur, que ce qu'il faut.
Je suis mon receveur et mon homme d'affaire ;
Et chacun, à son gré, demande son salaire.

L e   B a r o n.

Mais non ; et vous pourriez à la fin m'ennuyer.
(*Bas à Wolf*).
Wolf, un peu de douceur.

W o l f.

On n'a qu'à me payer.

(*) Lucile, madame Verlin, le Baron, Wolf.

LE BARON.

Soit. Vous me donnerez demain votre mémoire ;
Vous aurez votre argent.

WOLF.

Oh, c'est une autre histoire !
Je n'ai pas, comme on sait, l'âme et le cœur d'acier.

Madame VERLIN.

Mais, Baron. . . .

LE BARON.

Songez-vous à me remercier ;
Et la chose, entre nous, en vaut-elle la peine ?
(*Il fait un signe à Wolf*).
Vous vous acquitterez, et sans que rien vous gêne.

WOLF.

L'époux est-il rentré ?

LUCILE.

Pas encor.

WOLF.

Par ma foi,
On devrait dépenser le peu qu'on a chez soi,
Plutôt que de filer quelque amour malhonnête.

LE BARON.

(*Bas*).   (*Haut*).
Encor ! Taisez-vous, Wolf.

WOLF.

On n'est pas une bête ;
On voit ce que l'on voit : au reste il est minuit.
Déjà tout dort ici ; ne faites point de bruit :
Bon soir. Tout doucement, je vais fermer ma porte.

LE BARON.

Il est ivre, je crois ; il faut bien que je sorte.

WOLF.

Ah oui !

LE BARON.

Je me retire. Adieu, madame, adieu.
Ne faites, croyez-moi, point de scène en ce lieu.
Souffrez patiemment. On se trompe peut-être :
Il se peut qu'il ne soit ni volage, ni traître ;
Mais il se peut aussi qu'il blesse son devoir.

Madame VERLIN.

Est-ce bien vous, Baron, qui m'ôtez tout espoir !
Un ancien ami ne peut être un perfide.
Verlin ne trouve en vous qu'un juge trop rigide.

LE BARON.

O respectable amie, appréciez mon cœur !
Voyez-le pénétré de tout votre malheur.
Si mon ami revient, dissimulez, madame ;
Ne dites rien de moi ; renfermez dans votre ame
Le soupçon incertain de son dérangement :
Vous m'en feriez haïr indubitablement,
Et mon zèle pour vous deviendrait inutile.
Lucile.....

(*Il fait à Lucile un signe de silence*).

LUCILE.

Allez, allez, monsieur ; soyez tranquille :
Je me tais quand je veux.

WOLF.

J'attends.

LE BARON.

Jusqu'au revoir.

WOLF *bas au Baron.*

Fort bien ! nous la laissons, monsieur, au désespoir.

(*Le Baron et Wolf sortent ; Lucile va fermer la porte*
sur eux).

SCÈNE IX.

LUCILE, Madame VERLIN.

Madame VERLIN.

IMMOLER ton épouse ! Oh non, jamais ! Pardonne
Cet injuste soupçon, dont pourtant je frissonne ;
C'est une calomnie, une méchanceté.
Mon époux n'est pas fait pour la perversité ;
Dis, le crois-tu coupable, inconstant ?

LUCILE.

Non, madame,
La fausseté doit être étrangère à son ame ;
Il est digne de vous : on le soupçonne à tort.
Le Baron, qui l'accuse, en aura du remord.
On l'a trompé, madame ; on l'a trompé, vous dis-je.

Madame VERLIN.

Mais il ne revient point ; c'est-là ce qui m'afflige.
Je veux te voir heureuse ou périr, m'a-t-il dit :
Voilà ses derniers mots. C'en est fait, s'il périt,
Si je ne le vois plus, je suis prête à le suivre ;
Oui, ma chère. . . . Eh, comment pourrais-je lui survivre !
Ma force m'abandonne, et cède à mes malheurs.
Ah, ma Lucile, arrête, et cache-moi tes pleurs !
Ils augmentent mes maux.

LUCILE.

Cachez-moi donc, madame,
L'excès désespérant du trouble de votre ame !

Madame V E R L I N.

Ame honnête et sensible , il est affreux pour moi
De mourir sans pouvoir m'acquitter envers toi.
Ecoute. Tu connais l'auteur de ma famille ,
Le comte de Ranzin. . . . Il a maudit sa fille ! . . . .
Si je perdais la vie , ose le même jour ,
Le voir , et l'assurer de mon fidèle amour ,
Du respect qu'eut toujours pour lui son Arténice.
Il pleurera ma mort , et me rendra justice.
(On frappe).
Qu'entends-je ! Ah , si c'était. . . . . .

L u c i l e.
C'est Wolf.

S C E N E   X.

L U C I L E , Madame V E R L I N , W O L F.

W o l f.

Je l'avais dit ;
C'est fait de lui , madame.
(Madame Verlin tombe évanouie).

L u c i l e.

Eh de qui ?

W o l f.

Point de bruit !

L u c i l e.

Mais de qui parlez-vous ?

W o l f.

Parbleu , de votre maître !
Vous allez le savoir ; car Luzi va paraître :
Il a tout vu. . . . Tenez , le voilà ; parlez-lui.

SCÈNE XI.

LUCILE, Madame VERLIN, LUZI, WOLF.

Madame VERLIN, *se ranimant.*

LUZI, sois vrai.

LUZI.

Madame, après l'avoir suivi,
Je l'atteins. Que veux-tu, me dit-il en colère ?
Je vais chercher Wenzel, pour résoudre une affaire :
Va le dire à ma femme. . . . Eh, monsieur !. . . Laisse-moi ;
Je veux qu'on m'obéisse : allons, retire-toi.
Il s'arme contre moi, me force à la retraite ;
Mais, quoique d'un peu loin, je vois tout et le guette.
Wenzel paraît ; mon maître aussitôt fond sur lui.
Le fer croise le fer ; je crois entendre un cri,
Et je vois mon cher maître étendu sur la terre.

(*Madame Verlin retombe évanouie*).

LUCILE.

Ma maîtresse succombe à sa douleur amère ;
Elle se meurt : rentrons ; il faut la secourir.
Dans son abattement, elle me fait frémir.

(*Ils emmènent ensemble Madame Verlin*).

SCÈNE XII.

WOLF *seul.*

ELLE est vraiment fort mal. Ah, la cruelle affaire !
Diable ! Ici le Baron nous serait nécessaire.

FIN DU PREMIER ACTE.

ACTE II.

SCÈNE PREMIÈRE.

LE BARON, WOLF.

LE BARON.

Où donc est-il de Wolf ? Il montait devant moi.

WOLF.

Me voici.

LE BARON.

Le moyen de se parler chez toi ;
Nulle part on n'est seul.

WOLF.

Tant mieux ! Vive la foule !
J'en aurai plus d'argent ; mais tout cela s'écoule ;
Grand monde le matin, le soir tout est parti.

LE BARON.

Je veux t'entretenir ; dis-moi, le puis-je ici ?

WOLF.

Fort bien. L'étranger dort ; les oiseaux sont en cage ;
Parlons plus bas pourtant : cette crainte est fort sage.
Mais d'abord recevez mon petit compliment.

LE BARON.

De quoi ?

WOLF.

Vous badinez, monsieur, apparemment !
Verlin n'est plus. J'ai vu se lamenter la veuve ;
Ce qui d'un vif amour n'est pas toujours la preuve.

3

LE BARON.

Faux bruit ; il n'est pas mort.

WOLF.

Mais Luzi, cependant. . . .

LE BARON.

Il a pu s'y tromper. Blessé légèrement,
Et trouvant sous ses pas une pierre roulante,
Verlin tombe. Wenzel se livre à l'épouvante ;
Il croit son homme mort : aussitôt il s'enfuit.
De Verlin à l'instant la garde se saisit,
Disperse au loin la foule, écarte Luzi même ;
Et de là son erreur sur un maître qu'il aime.

WOLF.

Du moins, dans la prison la garde l'a conduit.

LE BARON.

Il est prêt d'en sortir.

WOLF.

Comment ? Par quel crédit ?

LE BARON.

Par le mien.

WOLF.

Quoi, le vôtre ! Ah, monsieur me plaisante !

LE BARON.

La chose, en le voyant, te paraîtra constante.

WOLF.

Je m'y perds.

LE BARON.

Pauvre sot ! Tu ne peux concevoir
Combien ce grand crédit va me faire valoir ;

Ce que, par ce moyen, la douce confiance,
Entre la dame et moi, mettra d'intelligence.
C'est ainsi qu'on soumet tous ces gens vertueux :
On est forcé d'agir et de parler comme eux.
D'ailleurs, tout était mal en justice réglée.
Elle examine tout : formaliste éveillée,
Elle peut découvrir plus que l'on ne voudrait.
Un bon enlèvement, bien sûr et bien secret,
Du trop heureux époux, est bien plus nécessaire :
Le comte de Ranzin en fera son affaire.
Il le déteste autant que je puis le vouloir ;
C'est beaucoup dire. . . . . Il est renfermé dès ce soir.

W o l f.

Mais le Comte sait donc que c'est moi qui l'héberge ?

L e B a r o n.

Il sait qu'il est à Prague, et non dans ton auberge.
Sois tranquille : le Comte est consentant de tout ;
Et, sans aucun danger, nous en viendrons à bout.
Ici, l'essentiel, c'est de plaire à la dame,
De suivre mes projets, d'en bien couvrir la trame :
Sans cela, je serais un fourbe, un faux ami ;
Ce que je ne suis point. En agissant ainsi,
En servant tout le monde, on croit que je veux nuire :
Toi-même, juge-moi ; puis-je mieux me conduire ?
Verlin, trop peu connu, ne saurait convenir
A la fille du Comte : on peut mieux l'assortir.
Nous dédommagerons l'époux l'affaire faite ;
C'est-là le vœu du père, et tout ce qu'il souhaite :
Voilà tout. C'est à toi, Wolf, de me bien servir.

W o l f.

Vous obliger, monsieur, fut toujours mon plaisir.
Vous conviendrez déjà que j'agis de manière

4

A faire réussir, s'il se peut, votre affaire.
Comme je les harcèle, au moyen du loyer,
Que fort heureusement on ne peut me payer !
Vous répondez de tout, au surplus ; et je pense
Qu'on ne peut, entre nous, voir quelque connivence.
Hier, je vous traitai légèrement. . . .

LE BARON.

Fort bien !
Tu vis que, sur ce ton, je soutins l'entretien.

WOLF.

Oh, je l'ai bien senti ! Vous êtes admirable.

LE BARON.

Pour madame Verlin montre-toi plus traitable ;
Garde-toi de laisser soupçonner un instant
Que tu sais son vrai nom, sa naissance, son rang.

WOLF.

Je la traite, monsieur, en petite bourgeoise :
A sa suivante aussi je cherche toujours noise.
Vous l'avez vu.

LE BARON.

D'accord, tu te comportes bien ;
Je suis content de toi : mais ne néglige rien.
Crois-moi, reviens encore à cette intrigue vile,
De ton invention ; elle est d'un homme habile.
Tu vois que je l'appuye, et te prête la main.
Compte sur cent ducats, si l'hymen de Verlin,
Étant déclaré nul, comme cela doit être,
Le comte de Ranzin devient alors le maître
De me donner sa fille, ainsi que tous ses biens.
Voilà mon plan, mon but, et tu sais mes moyens.

WOLF.

Oui, je sais tout, monsieur. Mais voici mon mémoire
Que vous voulez payer.

LE BARON.

Oh oui, tu peux m'en croire !
Mais nous avons du temps, nour reverrons cela.

WOLF.

A votre aise, monsieur, et comme il vous plaira.

LE BARON.

Dis que je l'ai soldé. . . . Mais on peut nous surprendre.
A la dame affligée, il faut aller apprendre
L'accident de Verlin, son élargissement :
Je ne peux lui montrer assez d'empressement.

WOLF.

On ne peut mieux agir dans cette conjoncture :
Vous serez bien reçu ; c'est moi qui vous l'assure.

LE BARON.

Je le sais comme toi. Nous nous verrons après ;
Songe à ne point risquer de propos indiscrets.

(*Il sort*).

SCÈNE II.

WOLF, *seul.*

ALLONS, mettons encore à fin cette aventure,
Quoiqu'elle soit pour moi d'assez mauvaise augure ;
Mais je dois au Baron mon établissement.
Chez son père autrefois, pauvre et triste pédant,
Je porterais encor le poids de l'indigence ;
S'il n'eût trouvé chez moi l'utile complaisance
Que demandaient ses goûts et son ambition. . . .
Fi, des remords ! . . . Marchons à la conclusion.

SCÈNE III.

WOLF, WERNER.

WERNER.

AH, c'est notre hôte ! Mais je n'aperçois personne :
A qui parliez-vous donc ?

WOLF.

A moi.

WERNER.

Cela m'étonne.

WOLF.

J'y suis un peu sujet.

WERNER.

Allons, le déjeûner !

WOLF.

Mais à peine est-il jour ?

WERNER.

Vite, et sans raisonner ;
Mon maître peut sortir.

WOLF.

Un peu de patience ;
Vous ordonnez d'un ton fort leste, et qui m'offense.

WERNER.

Vous m'avez l'air aimable et poli.

WOLF.

Comme vous :
Serait-ce me vanter ?

WERNER.

Ah, notre hôte, tout doux !
Ne prenez point le ton de la plaisanterie ;
Vous n'êtes pas léger.

WOLF.

Pourquoi non ?

WERNER.

Je parie
Que vous vous fâcheriez, et tout finirait mal.

WOLF.

Je ne sais pas pour qui.

WERNER.

Fi donc, petit brutal !
Le déjeûner, vous dis-je ; allons, servez mon maître.

WOLF.

Quel est-il ?

WERNER.

Étranger.

WOLF.

Ce n'est pas le connaître.
Si je savais son nom....

WERNER.

Vous êtes curieux.

WOLF.

Quand on connaît les gens, on se conduit bien mieux.
Que faire avec quelqu'un qui, sans raison, se cache ;
Et comment voulez-vous, s'il vous plaît, que je sache
Si je lui rends chez moi, trop, ou trop peu d'honneur ?

WERNER.

Nous prendrons sans compter.

WOLF.

Enfin, est-ce un seigneur ?
Est-il riche ?

WERNER.

Ah, voilà le grand objet, je pense !
C'est ce qui doit régler à vos yeux la dépense.

WOLF.

Lui faut-il un carosse ?

WERNER.

En avez-vous ?

WOLF.

Plusieurs.

WERNER.

Fort bien : je n'irai pas en retenir ailleurs.
Adieu.... Mais j'oubliais la chose la meilleure :
Du comte de Ranzin, savez-vous la demeure ?

WOLF.

Si je la sais ! Tenez ; sur la place à deux pas.

WERNER.

Bon jour !

WOLF.

Écoutez donc. Je ne me vante pas ;
Mais j'ai quelque crédit dans la maison du comte :
S'il faut solliciter, agir pour votre compte,
Auprès de ce seigneur, sachez qu'un frère à moi,
Qui lui parle, peut faire obtenir de l'emploi....

WERNER.

Vraiment !

WOLF.

Ne riez point : moyennant bon salaire,

Je puis , malgré vos airs , me charger de l'affaire.
Mon frère est son coiffeur.

WERNER.

La peste, c'est heureux !
Nous tenons , comme on dit, la fortune aux cheveux.
J'en préviendrai mon maître : il usera sans doute ,
De la protection du coiffeur , quoiqu'il coûte.
Songez au déjeûner.   (*Il sort*).

SCENE IV.

WOLF *seul.*

LE comte de Ranzin
Connaît cet homme-ci. . . . Sachons à quelle fin
On me fait demander , si je sais sa demeure.
Il faudra, sur ce point, que je veille à toute heure.
Serait-ce, par hasard, un parent, un ami ?
Que deviendrions-nous, si le Comte aujourd'hui
Venait ici le voir, et rencontrant sa fille,
Voulait la replacer au sein de sa famille !
J'en frémis. De ma crainte instruisons le Baron.

SCÈNE V.

LUCILE, WOLF.

LUCILE.

IL nous faudrait du thé ; nous en servira-t-on ?

WOLF.

A l'instant. Le Baron. . . .

LUCILE.

Est près de ma maîtresse ,
A calmer , mais en vain , son affreuse tristesse.
L'attendez-vous ? Je vais. . . .

WOLF.

Non, non, il sortira.
Peut-on vous demander comment madame va ?

LUCILE.

Elle est mieux à présent.

WOLF.

Le traître, l'infidèle !
Peut-on désespérer une femme aussi belle ?
Et pour qui ? Mais passons à mon propre intérêt ;
Midi viendra trop tôt : votre argent n'est pas prêt ;
On ne m'a point payé : faut-il vous faire grace ?
Prenez-y garde au moins ; à la fin on se lasse.

LUCILE.

Dites-moi le total de ce que nous devons ;
Je vais payer.

WOLF.

Qui, vous ?

LUCILE.

Oui, moi-même. Abrégeons.

WOLF.

J'ai le mémoire en poche, et vous allez l'apprendre.

LUCILE.

En deux mots : je n'ai pas le temps de vous attendre.

WOLF, *le mémoire à la main.*

Cinq cent trente florins, sept kreutzers, un fenin.
Le compte est fort exact ; je l'ai fait ce matin.

LUCILE, *lui remettant un billet.*

Ce billet est signé Wilmar, agent de change ;
Allez le présenter, et prenez en échange

Mille florins qu'on doit vous remettre comptant :
Mon acquit est au dos. J'attendrai le restant,
Avec votre reçu. Voyez au bas l'adresse ;
Mais du secret, de grace, auprès de ma maîtresse.
Allez et revenez.

W o l f.

Vous êtes riche, à voir :
Heureux qui de vous plaire aurait le doux espoir !
Mais, voici le valet de ce maître anonyme :
Il fait trop l'important ; j'ai pour lui peu d'estime.

(*A part*).

D'ailleurs ce qui me presse est d'avoir mon argent :
Je reviendrai causer, près de vous, un instant.

(*Il sort*).

S C È N E V I.

L U C I L E, W E R N E R.

W e r n e r.

A h, le joli minois ! Sa tournure me tente.
Votre humble serviteur. Vous êtes la suivante
De la dame qu'hier nous vîmes en passant,
Dans cette salle-ci, fort tard, en arrivant?

L u c i l e.

Vous servez ce vieillard qu'éclairait Wolf, notre hôte :
Quel est-il ?

'W e r n e r.

Pardonnez, mais ce n'est pas ma faute ;
On ne dit pas son nom : il est incognito.

L u c i l e.

Ma maîtresse est de même ; elle est sans nom. . . . .

W e r n e r.

Oh, oh !

C'est singulier, ma foi !

LUCILE.

Très-extraordinaire.

Elle vient.

WERNER.

Serviteur.

(*Il sort*).

LUCILE.

Mystère pour mystère!

SCÈNE VII.

Madame VERLIN, LUCILE.

LUCILE.

Eh ! le Baron ?...

Madame VERLIN.

Il prend le petit escalier ,
Ma chère , des amis Preising est le premier.
C'est par lui que Verlin est libre : il va paraître ;
Je l'attends , et je sens tout mon bonheur renaître.

LUCILE.

Et vous pleurez encor !

Madame VERLIN.

Oui ; mais ces pleurs sont doux ,
Lorsqu'ils ne sont donnés qu'au retour d'un époux.
Cependant sa querelle avec Wenzel subsiste :
Preising les croit rivaux; c'est-là ce qui m'attriste.

SCÈNE VIII.

WOLF, Madame VERLIN, LUCILE.

(On porte du café chez le comte de Bamberg; Wolf, d'un air gracieux, sert le thé à madame Verlin).

Madame VERLIN.

Vous-même, monsieur Wolf!

WOLF.

N'est-ce pas mon devoir?

(Bas à Lucile).
L'argent vient d'arriver. Je compte aller vous voir.

Madame VERLIN *à Wolf.*

Que parlez-vous d'argent?

WOLF.

Madame, on me fait signe.....

Madame VERLIN.

Qui donc?

WOLF.

Mademoiselle....

LUCILE.

Oh le traître, l'indigne!...

WOLF.

Pourquoi m'injurier? J'agis selon mon cœur.
Votre action est belle, et doit vous faire honneur.
A madame, à coup sûr, vous en serez plus chère.

Madame VERLIN.

Wolf, je veux tout savoir.

W o l f.

Voici tout le mystère.

De cette demoiselle un mandat excellent,
Ches un de nos banquiers est pris pour de l'argent;
Je l'ai déjà reçu.

Madame V e r l i n.

Eh bien, mademoiselle !

M'humilier pour vous est une bagatelle !
Wolf, c'est moi qui vous dois; rendez-lui. . . .

W o l f.

Quelque sot !

Je ne le verrais pas, je pense, de sitôt . . .
Le Baron, entre nous, n'a pas tenu parole.

Madame V e r l i n.

Mais il m'a dit, je crois. . . .

W o l, f.

Assurance frivole.

Je n'en ai rien reçu, ni n'en recevrai rien,
Partant, l'argent touché m'arrange ici fort bien.

Madame V e r l i n.

Laissez-nous, homme vil.

W o l f.

Partons, et sans mot dire.

(*Il sort*).

SCÈNE IX.

Madame VERLIN, LUCILE.

Madame VERLIN.

Eh quoi, Lucile, eh quoi, faudra-t-il me réduire
A m'éloigner de vous, quand j'aurai satisfait,
Si la chose est possible, au montant du billet!

LUCILE.

Pourquoi vous éloigner! Je suis à vous, madame :
Je connais vos bontés, et mon cœur les reclame.
Pardonnez, mais j'éprouve un mouvement secret,
De quelque sympathie unie à mon respect.
Oui, mon ame en ressent le charme irrésistible.
C'est un rêve si doux pour une ame sensible !
Souffrez donc que Lucile espère pour toujours
Qu'elle verra finir auprès de vous ses jours :
C'est-là mon vrai bonheur ; c'est le seul que j'envie.
Ce legs, qu'une maîtresse en sortant de la vie,
Afin de me prouver sa constante amitié,
Me fit par testament, vient de m'être payé.
Je suis plus riche enfin qu'on a besoin de l'être.
Si pour vous le bonheur venait à reparaître,
Vous l'avez dit, madame, alors votre plaisir
Serait de travailler au soin de m'enrichir.
Vous sentez des besoins, vous, ma digne maîtresse !
Tandis que moi, qu'honore ici votre tendresse,
J'ai, par-delà mes vœux, les moyens d'y pourvoir,
Et vous me défendez de m'en apercevoir.
Eh mais, quels sentimens, madame, sont les vôtres !
N'est-il point de devoirs, de vertus pour nous autres !
Dites, oseriez-vous, lorsque vous choisissez
Quelqu'un pour vous servir, croire que c'est assez
Du plus vulgaire instinct, sur-tout qu'on le dispense
D'ame, de sentimens et de reconnaissance !
Car voilà ce qu'ici vous voulez que je sois.

Madame VERLIN.

Arrête, mon amie!... Ah! j'ai tort, je le vois.
Ta bonté m'attendrit, m'honore... Sois contente.

LUCILE.

Ah! cet instant si doux a comblé mon attente.
J'ai banni tout orgueil, lorsque l'adversité
Du service me fit une nécessité;
Mais je puis à présent vous l'avouer, madame,
Le beau titre d'amie a rehaussé mon ame.
Oui, je reçus le jour en un rang moins abject;
Mais mon astre d'abord eut un sinistre aspect,
Je perdis mes parens à la fleur de mon âge;
Un avide tuteur dévora l'héritage,
Me laissa seul, et prit le parti de s'enfuir:
J'eus donc ou le travail, ou le vice à choisir;
Et je dois au premier le bonheur de ma vie.

SCÈNE X.

Madame VERLIN, VERLIN, LUCILE, LUZI.

LUZI.

Nous l'avons à la fin.

Madame VERLIN.

Ma joie est infinie.

Ah, Verlin!

VERLIN.

Je vous fis hier bien du chagrin,
Et j'ai senti pour vous l'horreur de mon destin.

Madame VERLIN.

Près de toi m'as-tu vue un instant malheureuse.

VERLIN.

Eh, comment soutenir ma destinée affreuse!

Vous verrez votre père ; il vous pardonnera,
Mais aux conditions qu'on me sacrifiera.
Eh, faudrait-il le voir, le chercher et l'entendre !

Madame V E R L I N.

Tes craintes, tes discours ont de quoi me surprendre,
Quand je t'ai vu toi-même, en nos malheurs affreux,
Souhaiter que je visse un père vertueux ;
Car il le fut, Verlin, avant notre hyménée.

V E R L I N.

Il me poursuit, me hait depuis plus d'une année ;
Il ne parle de moi, dit-on, qu'avec fureur :
Je serai sa victime ; il m'ôtera ton cœur.

Madame V E R L I N.

Il peut tout, excepté de me rendre parjure.

V E R L I N.

Je te crois. Ah, pardon, si je te fais injure !
Je crains tout ; l'indigence où nous tombons tous deux,
Pourras-tu plus long-temps aimer un malheureux,
Qui peut être privé même du nécessaire !

Madame V E R L I N.

Nous aurons des amis.

V E R L I N.

En est-il sur la terre ?

Madame V E R L I N.

Ah, Verlin, cette amie a droit à nos respects !
L'hôte est déjà payé : c'est un de ses bienfaits.
N'en rougis point, ami ; c'est une infortunée,
Digne de nos égards. Notre Lucile est née
Au-dessus de l'état qu'a choisi sa vertu.

VERLIN.

Sa décence, son air m'en avaient prévenu.

Madame VERLIN.

Notre ami, le Baron.....

VERLIN.

Lui, mon ami ! Ce traître !..

Madame VERLIN.

Y penses-tu, Verlin ? Eh ! peut-il ne pas l'être ?
Lui seul nous a servis au sein de nos revers.

VERLIN.

Dans de vagues soupçons, malgré moi je me perds.

Madame VERLIN.

Tomberaient-ils sur moi ? Non ; tu n'es point barbare.

VERLIN.

Eh, sait-on ce qu'on est, quand le malheur égare !

Madame VERLIN.

Verlin, j'eus votre amour ; il a charmé mon cœur :
Mais il faut m'estimer ; c'est mon premier bonheur.

VERLIN.

Pardonne, chère amie, à l'excès de mon trouble ;
Mais le nom du Baron, malgré moi le redouble.
Traite, si tu le veux, d'injuste cette humeur :
Les soupçons et l'effroi sont au fond de mon cœur.

Madame VERLIN.

Eh, qui nous appuyera près du Comte mon père,
Qui l'aime, tu le sais, et qui le considère !

Oublierons nous qu'il est même un peu son parent ;
Qu'il prit à nos malheurs l'intérêt le plus grand ;
Qu'il nous a fait venir lui-même en cette ville ,
Pour rendre , s'il se peut , notre paix plus facile ;
Qu'il fut toujours de loin notre correspondant.

V E R L I N.

Oui , je sais tout cela , chère épouse , et pourtant. . .

S C E N E X I.

Madame V E R L I N , V E R L I N , L U C I L E ;
WOLF et ALBERT dans le fond.

W o l f à Albert qu'il arrête.

Qui demandez-vous donc ? Voulez-vous bien répondre ?

A L B E R T.

Je cherche ici quelqu'un , qui vient , je crois de Londre ,
Dont j'ignore le nom ; un étranger enfin.

W o l f.

Eh de la part de qui ?

A L B E R T.

Du comte de Ranzin.

Madame V e r l i n , avec effroi.

Mon père !
(Monsieur et Madame Verlin rentrent chez eux).

A L B E R T à Wolf.

Annoncez-le , car je gage qu'il jure.
                              (Il sort).

SCÈNE XII.

WOLF *seul.*

'AH, s'ils étaient restés, la drôle d'aventure !
Le père aurait surpris sa fille en arrivant :
Mais le Baron peut-être en serait mécontent.
Des explications, il redoute la suite ;
Il faut les éviter. . . . Mais voici la visite.

SCÈNE XIII.

Le Comte de RANZIN, WOLF, ALBER

Le Comte de RANZIN.

OU loge l'étranger ?

WOLF.

Dans cet appartement ;
Il attend sa grandeur.

(Le Comte entre).

WOLF *à Albert.*

Reste-t-il ?

ALBERT.

Un moment ,
Tout au plus.

WOLF.

C'est selon l'objet qui les rassemble.
En attendant, allons nous rafraîchir ensemble.

FIN DU DEUXIÈME ACTE.

ACTE III.

SCÈNE PREMIÈRE.

Le Comte de RANZIN, le Comte de BANBERG.

Le Comte de BANBERG.

Je n'ose encor plus loin vous suivre ; adieu , monsieur.

Le Comte de RANZIN.

Songez que nous touchons au moment du bonheur.

Le Comte de BANBERG.

Que de droits vous aurez à ma reconnaissance ,
Vous , Comte , que jadis , d'après quelqu'apparence ,
Je crus mon ennemi.

Le Comte de RANZIN.

       L'orage était si fort ,
Qu'il fallut , malgré moi , le paraître d'abord.
Ma franchise pour lors ne pouvait que vous nuire ,
Et j'attendis la fin de ce fâcheux délire. . .
Déguisement cruel , servitude de cour ,
Dont j'espérais pourtant me dégager un jour.
Ce jour voit donc enfin triompher l'innocence :
J'ai fait valoir la vôtre avec toute assurance.
Grace au ciel , le succès , comme vous l'allez voir ,
Est si complet qu'il passe aujourd'hui mon espoir ,
Et je n'ai plus besoin que d'une signature
Que je m'en vais chercher. Pour combler la mesure ,
Il faudrait retrouver ce fils encore perdu.

Le Comte de BANBERG.

Ah , s'il vivait encor, quelqu'un l'aurait connu !
Je l'ai fait très-long-temps chercher par tout l'empire ;
Mes agens bien payés ne m'en ont pu rien dire :
Et, renonçant enfin à d'inutiles frais ,
J'ai perdu tout espoir de le revoir jamais.

Le Comte de RANZIN.

Vous viviez inconnu , vous-même en Angleterre ;
Et, vous ayant cherché vainement sur la terre ,
Il aura , comme vous, crainte de trahison ,
Changé par politique, et de titre et de nom.
Formez des vœux , ami : le ciel les ratifie
Sitôt qu'il nous rappelle aux douceurs de la vie.
Demandez-lui ce fils objet de votre amour ,
Peut-être qu'il viendra lui-même au premier jour :
Oui , vous le reverrez, mon ami , je l'espère ;
Et moi , cher Comte , et moi , je serai le seul père
A qui tant de bonheur soit toujours refusé.

Le Comte de BANBERG.
Comment ! . . .

Le Comte de RANZIN.

Du ciel , d'abord père favorisé ,
J'eus une fille aimable, autant qu'il est possible ;
Chérissant ses devoirs, douce, égale , sensible ,
On la crut un prodige : attraits , talens, vertus ,
Dans son heureux printemps croissaient de plus en plus.
Un traître, un séducteur vint corrompre son ame ;
Il s'enfuit avec elle. En vain je la réclame
Depuis près de sept ans ; j'ignore son destin.
Ajoutez qu'elle fuit avec ce libertin ,
Ce scélérat qui , loin de rechercher sa grace ,
Dans ses lettres m'insulte , et quelquefois menace.

Le Comte de B A N B E R G.

Qui , vous , dont le crédit s'est toujours soutenu !
C'est donc un insensé. Mais comment a-t-il pu
S'attacher et corrompre un si beau caractère ?

Le Comte de R A N Z I N.

Ami , je l'avouerai ; jaloux des droits d'un père ,
Je les exagérai : j'eus enfin un grand tort.
J'exigeai d'Arthénice un trop pénible effort.
Elle vit mieux que moi les dangers de la chaîne
Que je lui préparais , en contraignant sa haine :
Dorlheim a dans le monde au plus mal réussi ;
Et je serais heureux qu'il eût été haï ,
Si notre aventurier qui , pour lors , l'a séduite ,
A ma fille avec lui , n'eût fait prendre la fuite.
Heureusement je touche à l'instant fortuné ,
De me venger de lui : j'y suis déterminé.
J'apprends qu'ils sont tous deux venus en cette ville ,
Et l'époux va bientôt trouver un sûr asyle.
                (Regardant sa montre).
Mais voilà l'heure; adieu. Je veux qu'avant midi ,
Tout soit sur votre affaire entièrement fini.

S C È N E I I.

Le BARON, le Comte de RANZIN, le Comte de BANBERG.

Le Comte de R A N Z I N , voyant le Baron au moment
qu'il va sortir.

A h , te voilà , Baron ! on t'a dit , je parie ,
Que je m'étais rendu dans cette hôtellerie.

L e B a r o n.

Non ; je cherche quelqu'un qui doit loger ici.

Le Comte de R A N Z I N.

Je ne te retiens pas.

(*Au comte de Banberg*).

Adieu donc, cher ami ;
Dans deux heures au plus.

L E   B A R O N   *au comte de Ranzin*.

Jusqu'à votre équipage
Je vais vous remener.

Le Comte de R A N Z I N.

J'y consens : pour mon âge,
Ce maudit escalier est un peu dangereux.

(*Au comte de Banberg*).

Cher Comte, vous pourrez demain vous loger mieux.

(*Au Baron*).

La retraite du gendre. . .

L E   B A R O N.

Est prête, et dans une heure.

Le Comte de R A N Z I N.

Le reste de ses jours, il faut qu'il y demeure
Au pain, à l'eau, morbleu !

L E   B A R O N.

Vous serez satisfait.

Le Comte de R A N Z I N.

C'est peu pour ma vengeance et le mal qu'il m'a fait.

(*Lucile paraît*).

Le Comte de B A N B E R G.

Je vous laisse.

Le Comte de R a n z i n.

Adieu, Comte, aucune impatience.
(*Au Baron*).
Allons, vite ; on m'attend : l'affaire est d'importance.
(*Ils sortent tous*).

S C È N E I I I.

L U C I L E *seule*.

La rencontre est bizarre, et je ne sais pourquoi
J'en ressens, tout-à-coup, du trouble malgré moi.
Le comte de Ranzin et le Baron ensemble ! . . .
Dans cette maison-ci ! . . . Qu'est-ce qui les rassemble ?
Le Baron est-il bien un véritable ami ?
Je ne sais ; mais sur lui j'ai des soupçons aussi,
Et je ne puis blâmer entièrement mon maître. . .
Mais comment pénétrer ce qu'il pourrait en être ?
J'entrevois un moyen. . . . S'il revenait. . . C'est lui.

S C È N E I V.

L E B A R O N, L U C I L E.

L e B a r o n.

Vous avez eu, dit Wolf, grande peur aujourd'hui ?

L u c i l e.

Oh, je vous en réponds ! Dans cette basse auberge,
Où je ne conçois pas qu'on entre et qu'on s'héberge,
Que peut venir chercher le comte de Ranzin ?

L e B a r o n.

Il a rendu visite à ce nouveau voisin,
Ce vieillard arrivé d'hier. Leur connaissance
Date de plus d'un jour, selon toute apparence.

LUCILE.

Vous lui donniez le bras.

LE BARON.

Le bon-homme est gouteux.

LUCILE.

Sans doute vos efforts seront assez heureux ,
Pour lui faire reprendre et sa fille et son gendre.

LE BARON.

Je suis au désespoir ; il ne veut rien entendre
Au sujet de Verlin : pour sa fille, on pourrait
Adoucir son humeur ; et l'on y parviendrait ,
Si d'un nouvel époux, votre maîtresse aimable. . . .

LUCILE *bas.*

Je le tiens.

LE BARON.

Faisait choix , et devenait traitable.
J'entrevois que le père en a l'intention ,
Et mettra, pour la paix , cette condition.
Le mariage est nul; et Verlin , quoiqu'il fasse ,
Dans aucun tribunal ne peut obtenir grace.
J'ai consulté l'affaire , et contre un ravisseur ,
On sait que la justice a toute sa rigueur.

LUCILE.

Évènement cruel pour votre ami , sans doute !
Mais il faut convenir qu'il a bien pris la route
Pour pousser ma maîtresse à renoncer à lui.
On n'a rien vu d'égal à cet homme aujourd'hui;
Mécontent, furieux , tyran insociable ,
En caprices nouveaux il est intarissable :
Il s'avise à présent de paraître jaloux.

L e B a r o n.

Eh, de qui ?

L u c i l e.

Devinez.

L e B a r o n.

Mais je ne sais.

L u c i l e.

De vous ;

De vous-même ; oui, monsieur.

L e B a r o n.

Bon, quelle extravagance !

L u c i l e.

Pour madame Verlin, une faible apparence
M'a bien, de votre part, marqué quelque penchant ;
Mais c'est pure amitié : l'amour parle autrement.

L e B a r o n.

L'amour prend tous les tons, selon la circonstance.

L u c i l e.

J'aurais à cet amour trop peu de confiance ;
Vous êtes mieux, pour nous, vous êtes un ami
Sensible, précieux, un noble et digne appui.
Celui qui la voudrait tirer de cet abime,
Vous êtes scrupuleux ; mais ferait-il un crime ?
N'a-t-elle pas besoin de trouver un vengeur,
Et la laissera-t-on succomber au malheur ?

L e B a r o n *fixant Lucile.*

Et vous me parlez vrai.

L u c i l e *embarrassée.*

Quoi !....

Le Baron *à part.*

(*Haut*).

Ciel ! Non, non, Lucile,
Ce n'est qu'à la vertu que mon cœur est docile.
J'aime votre maîtresse et son époux aussi ;
Plus il est malheureux, plus je m'attache à lui.
Allez même à l'instant l'avertir, je vous prie,
Que je veux lui parler.

Lucile.

J'y vais.

(*Ils s'examinent respectivement. Elle sort*).

SCÈNE V.

Le Baron *seul.*

Sa perfidie,
Par certain embarras, certain je ne sais quoi,
S'est fort heureusement manifestée à moi.
Cette fille sondait les replis de mon ame ;
Mais j'ai subtilement évité cette trame.
Or, voyons ce qui reste à faire ici de mieux.
M'assurer du mari, l'écarter de ces lieux,
C'est mon premier objet. J'ai l'ordre ; mais j'hésiste.
Peut-être vaut-il mieux l'exciter à la fuite ?
Lui parti, sur-le-champ, au beau-père en courroux,
Je vais me proposer en qualité d'époux,
Et je ne doute pas qu'il ne force sa fille
A réparer par moi l'honneur de sa famille.
De Verlin fugitif, le nom trop peu connu,
Est un obstacle sûr au nœud qu'il a tissu :
Son hymen est proscrit aux yeux de la justice ;
Nous le faisons casser, et j'épouse Arthénice.
L'ordre peut l'effrayer ; allons, je l'essayerai.

SCÈNE VI.

VERLIN, LE BARON.

VERLIN *brusquement.*

Que voulez-vous ?

LE BARON.

Quel ton ! Vous paraissez outré ;
Verlin, restons ami.

VERLIN.

Cela pourrait-il être ?
Je ne le fus jamais d'un fourbe, ni d'un traître ;
Il aurait à trembler de me voir près de lui.

LE BARON.

J'ai su que vous aviez du chagrin, aujourd'hui ;
Mais sur mon amitié comptez toujours, de grace.

VERLIN.

Je n'en veux rien.

LE BARON.

Il faut que cette humeur vous passe ;
Je servirai toujours. . . .

VERLIN.

Eh qui, ma femme ou moi !

LE BARON.

Ingrat, je sens l'injure autant que je le doi.

VERLIN.

Vous connaissez Wenzel. . . .

LE BARON.

Ce lâche qui, peut-être,
Vous a dit que j'étais un homme faux, un traître,

Et de qui l'imposture a voulu vous noircir
Près de moi, pour pouvoir enfin nous désunir.
Et Verlin aux méchans donne sa confiance!
N'importe; son bonheur sera seul ma vengeance.

(*Il veut sortir*).

VERLIN *l'arrêtant.*

Non; justifiez-vous, Preising, et répondez.

LE BARON.

A quoi dois-je répondre ? A des faits hasardés.

VERLIN.

Ce matin, en prison, Wenzel m'a fait visite;
Il n'a po nt avec moi contrefait l'hypocrite,
S'est dit votre complice, et même est convenu
Que tous deux, vous sur-tout, vous aviez résolu
De me perdre à jamais, de me ravir ma femme,
Pour qui vous ressentiez une coupable flamme.
Qu'en croirai-je ? Parlez.

LE BARON.

C'est vous, mon cher Verlin,
Qui m'accusez d'un crime aussi vil qu'inhumain.
C'est me manquer, monsieur, que vouloir vous répondre;
Mais sur le grand objet j'ai de quoi vous confondre.
Je veux, dit-on, vous perdre. Écoutez, et jugez
Précisément celui qu'ici vous outragez;
Moi, c'est moi qui vous rends libre en cette journée.
Que ma conduite en tout soit bien examinée.
Parlez au magistrat; il vous dira, Verlin,
Ce qu'en votre faveur j'ai tenté ce matin.
Oui, de votre prison la porte s'est ouverte
A mes vœux, à mes cris; et voilà cette perte
Qu'avec un scélérat j'aurais voulu tenter.

V e r l i n *à part.*

Puis-je croire ? . . .

L e B a r o n.

Daignez encore m'écouter.
Je veux vous perdre. Eh bien , monsieur , votre beau-pére
Veut vraiment se venger ; c'est tout ce qu'il espère.
Vous savez son crédit : un ordre est obtenu.
Je ne sais pas comment le Comte est parvenu
A savoir que sa fille et vous êtes en ville ;
Mais aussitôt , poussé par les flots de sa bile ,
Il allait confier cet ordre à quelque exempt :
Heureusement pour vous , monsieur , j'étais présent ,
Et m'y suis pris si bien qu'il m'en a fait remise.
Le voilà. Maintenant jugez de ma franchise :
Je ne m'en suis chargé que pour vous le donner.
Prenez.

V e r l i n.

Baron ! . . .

L e B a r o n.

Verlin ! . . .

V e r l i n.

Ce trait doit m'étonner.
C'est vous ! . . .

L e B a r o n.

Moi , votre ami !

V e r l i n.

Puis-je le croire encore !
Vous , Preising mon ami !

L e B a r o n.

Ce titre heureux m'honore ;
Oui , Verlin , j'en fais gloire , et ne puis concevoir

Qu'on ose m'imputer un complot aussi noir ;
Et que vous, dès long-temps instruit à me connaître,
Ayez pu soupçonner que je n'étais qu'un traître :
Pensez donc que c'est moi qui vous rends cet écrit ;
Puis-je mieux vous servir !

VERLIN.

Non, je suis interdit. . . .
Ah, pardon ! . . . . Mais le Comte en obtiendra quelqu'autre.

LE BARON.

Il est vrai. Là-dessus, quelle idée est la vôtre ?
Je vous procure au moins le temps d'y réfléchir,
Et de voir ce qui peut ici vous convenir.
Quel parti prenez-vous ?

VERLIN.

De fuir Prague au plus vîte :
Il faut bien que j'échappe à ma mort qu'on médite.
Baron, il faut partir.

LE BARON.

Allons nous consulter,
Et peser s'il n'est point d'autre voie à tenter.

SCÈNE VII.

VERLIN, LE BARON, WOLF.

LE BARON.

Bon, voilà Wolf ! Écoute. Aye soin, par la suite,
Pour l'ami que tu vois, de changer de conduite ;
Que son épouse et lui soient plus contens de toi :
Pour tout ce qui t'est dû, tu peux compter sur moi ;
Je te l'ai déjà dit, je le répète encore.
Qu'est-ce que ces propos ? ces soupçons que j'abhorre ?
Sois prudent, circonspect.

W o l f.

Ah! monsieur, je le suis ;
Et le peu que j'ai dit! . . .

L e   B a r o n.

Est de trop ; obéis.

V e r l i n.

J'entre pour un moment, et reviens.

L e   B a r o n.

Point de larmes
Près de votre moitié.

V e r l i n.

J'éviterai ses charmes.
(Il sort).

S C È N E   V I I I.

L E   B A R O N ,   W O L F.

L e   B a r o n.

Quelle contrainte, ô ciel !

W o l f.

Mais point trop avec moi ;
Car vous m'avez traité durement, sur ma foi.
Et l'affaire ? . . .

L e   B a r o n.

Elle prend assez bonne tournure,
Après m'avoir donné bien de la tablature.
Ce coquin de Wenzel avait tout revélé.
J'ai vu Verlin outré; mais j'ai si bien parlé,
J'ai tant fait, qu'à la fin je l'ai conduit à croire
Que Wenzel n'avait fait qu'une infidèle histoire ;

7

Qu'un conte dépourvu de sens et de raison :
Oui , loin de conserver sur moi quelque soupçon ,
C'est à moi qu'il se fie , à moi seul.

WOLF.

La bonne ame !
Il vient.

LE BARON *très-haut*.

Songez-y bien ; je saurai de madame ,
Comment vous vous serez comporté : songez-y.
Pour vos loyers enfin , n'ayez aucun souci :
J'en réponds.

SCÈNE IX.

VERLIN, LE BARON, WOLF.

LE BARON *à Verlin*.

Vous voilà! Partons-nous ?

WERLIN.

Oui, sans doute ;
Et nous pourrons traiter nos affaires en route.

LE BARON.

Venez ; vous allez voir si je suis votre ami. . . .
Mais votre épouse , ô ciel! dissimulons ici.

SCÈNE X.

Madame VERLIN, VERLIN, LE BARON, WOLF.

WOLF *bas*.

Le fâcheux contre-temps !

VERLIN *à sa femme*.

Quel dessein vous amène ?

Madame VERLIN.

Je ne vous vois jamais sortir sans quelque peine.

VERLIN.

Ah, nous nous rejoindrons pour ne plus nous quitter !
Vous savez si je puis, loin de vous, exister.
Supportez, en m'aimant, quelques heures d'absence :
Dans ma position, il faut de la prudence.
Vous me voyez ici dans les mains du Baron,
Qui m'éclaire et me guide en cette occasion.

LE BARON.

Oui, madame ; et mon cœur, auquel il rend justice,
Vous doit être garant d'un destin plus propice :
Mais, pour que vous sentiez l'effet de mes secours,
Madame, j'ai besoin encor de quelques jours.

Madame VERLIN.

Vous me rendez la paix, Baron, je le confesse.
(*Lui remettant son mari*).
Le voilà ce dépôt si cher à ma tendresse :
Votre honneur me répond de ses jours précieux.

LE BARON.

Oui, je réponds de tout ; mais craignez en ces lieux
Que personne ne puisse encor vous reconnaître.

Madame VERLIN *à son époux.*

Pourquoi ces pleurs, ami ?

VERLIN.

Je n'en suis pas le maître.
Te voir, porte mon cœur à l'attendrissement,
Chère épouse !

3

LE BARON *bas à Verlin.*

Fuyez un éclaircissement.
(*A Madame Verlin*).
Je veille à tout, Madame.

Madame VERLIN.

Eh bien ! je suis tranquille.

LE BARON.

Nous allons tous les deux chercher un autre asyle ;
Vous sentez qu'il le faut.

Madame VERLIN.

Allez et revenez.
Le ciel aura pitié de deux infortunés.

(*Verlin sort avec le Baron, et Madame Verlin rentre chez elle*).

SCÈNE XI.

WOLF *seul.*

A MERVEILLE ! Au Baron, je vois que tout prospère.
Le destin pour moi seul serait-il plus sévère ?
La suivante et son or me tiennent en souci :
Il faut que je lui parle ; il faut lui plaire aussi.
Pour le coup, ma fortune en un jour serait faite.
Le bon petit trésor ! le beau brin de soubrette !
(*Grattant à la porte de Lucile*).
Mademoiselle ! holà, mademoiselle !

SCÈNE XII.

LUCILE, WOLF.

LUCILE.

Eh bien,
Qu'est-ce? Que voulez-vous ? Parlez?

WOLF.

Un petit rien.
Mais je vais commencer par vous rendre la somme
Qui d'abord vous revient; car je suis honnête homme.
Plus , voici ma quittance.

LUCILE.

Allez ; cela suffit.

WOLF.

Plus. . . .

LUCILE.

Que prétendez-vous ? Parlez donc ?

WOLF.

Il s'agit
Si vous le permettez , d'une affaire majeure.

LUCILE.

Eh quelle? Vous riez?

WOLF.

Il faudra que je pleure ,
Si la conclusion n'est point en ma faveur.
En deux mots , je vous fais l'hommage de mon cœur :
Mon auberge est à moi ; vous en serez maîtresse.

LUCILE.

Vraiment !

WOLF.

Oui, belle enfant, je suis plein de tendresse.

LUCILE.

La chose et très-plaisante ; et, jusques à ce jour,
Vous ne m'aviez pas trop préparée à l'amour.

WOLF.

D'accord.

LUCILE.

Pour obtenir de moi quelque réponse,
Prouvez-moi ce penchant qui d'aujourd'hui s'annonce.

WOLF.

Comment ?

LUCILE.

En m'éclairant sur le fait que voici ;
Mais sans mentir.

WOLF.

Fi donc ! Je n'ai jamais menti.

LUCILE, *bas.*

(*Haut*).

Si fort qu'en ce moment. . . . Mais, voyons notre épreuve.
D'abord il ne faut pas que cela vous émeuve.
Sans changer de couleur, fixez sur moi les yeux ;
Et de ces entretiens graves et sérieux,
Qu'avec vous le Baron si souvent se procure,
Contez-moi le secret, dites-moi la nature.

WOLF.

Nous parlons politique, affaires, que sait-on ?
Ménage, économie, ou tracas de maison.
Vous savez que toujours de vieilles connaissances

Ont cent choses à dire en toutes circonstances.
J'ai vécu chez son père où j'étais précepteur.

Lucile *riant.*

Vous, précepteur ! Le choix est très-plaisant, d'honneur.

Wolf.

C'était comme à présent ; on n'y regardait guére ,
Et le premier venu convenait d'ordinaire.

Lucile.

Monsieur le précepteur me dira , s'il lui plaît ,
Ce qu'hier , avec lui , le Baron entendait
Par un signe formel , et fait avec finesse.

Wolf.

Un signe !

Lucile.

Concerté derrière ma maîtresse.

Wolf.

Je ne m'en souviens pas.

Lucile.

Pas du tout ?

Wolf.

Non.

Lucile.

Adieu.

Wolf.

Arrêtez.

Lucile.

Laissez-moi.

Wolf.

Comme vous prenez feu.

SCENE XIII.

LUCILE, WOLF, WERNER.

WERNER.

SERVITEUR, monsieur Wolf ; pour la galanterie ,
Vous volez des momens à votre hôtellerie.

WOLF.

Rien ne souffre , monsieur , et le carosse attend
Votre maître qui peut s'en servir à l'instant.

WERNER.

Il ne sortira pas , je venais vous le dire.

WOLF.

Soit ; mais il le paiera. Moi , je vais en instruire
Le cocher qui pourra dételer ses chevaux.
    (*Bas*).
Ce grand drôle est venu pour moi fort à-propos.
Adieu , mademoiselle.

                      (*Il sort*).

SCENE XIV.

LUCILE, WERNER.

WERNER.

ECOUTEZ donc. J'espère
Que cet hôte charmant.... Si l'on voulait vous plaire?..

LUCILE.

On me dirait pourquoi le comte de Ranzin
Est venu visiter l'étranger ce matin.
Sont-ils parens , amis ?

W E R N E R.

Je n'en sais rien.

L U C I L E.

Encore.

Bon soir !

(*Elle sort*).

S C E N E X V.

W E R N E R *seul*.

Comment ! dit-on les choses qu'on ignore !
Les gens de ce pays me paraissent plaisans :
Mentir , et les tromper , les rendrait plus contens.
Qu'aperçois-je ?... Luzi !

S C E N E X V I.

L U Z I , W E R N E R.

L u z i.

C'est toi , Werner !

W E R N E R.

Moi-même.

Que je t'embrasse , ami !

L u z i.

Ma joie en est extrême.

W E R N E R.

Mais tu m'as l'air défait ; as-tu quelque chagrin ?

L u z i.

Oh ! oui , j'en ai beaucoup. Par quel heureux destin
Te trouvé-je en ce lieu , dans cette hôtellerie ?

WERNER.

Nous ne voyageons plus ; notre chère patrie
Va nous revoir enfin.

LUZI.

Qui donc ?

WERNER.

Mon maître et moi.

LUZI.

Quel est-on ton maître ?

WERNER.

Oh , oh ! c'est un secret , ma foi ;
Je ne puis te le dire encor. Ton jeune maître ,
Que fait-il ? Est-il loin des lieux qui l'ont vu naître ?

LUZI.

Il vit dans la douleur , sans posséder un sou ;
Craint tout , n'espère rien.

WERNER.

Il vit, et tu sais où ?

LUZI.

Sans doute.

WERNER.

Ah ! dis-le moi bien vite , je te prie.

LUZI.

Explique-toi. Son père , au sortir de la vie ,
T'aurait-il confié quelque dépôt pour lui ?
Il est encor mon maître, et nous logeons ici.

WERNER.

Ici ! comment ici ! vos peines sont finies ;
Luzi , réjouis-toi.

L u z i.

Comme tu te récries !
Le défunt laissa-t-il des biens après sa mort ?

W e r n e r.

Laisse donc ; le vieillard n'a point fini son sort.
Pour nous mettre à l'abri de noires destinées ,
Nous nous sommes cachés pendant quelques années :
Grace au ciel , aujourd'hui nos ennemis confus
Vont nous voir reparaître , et ne nous nuiront plus.
Nous reprenons enfin rang , état et richesse.

L u z i *pleurant de joie.*

Se peut-il ? ... Werner.

W e r n e r.

Oui , l'ami , laisse-là ta tristesse.

L u z i.

Mon maître ! mon cher maître ! ah , quel bonheur pour vous !
Portons cette nouvelle à la maison.

W e r n e r.

Et nous
Courons auprès du père. Il vient. Monsieur le Comte !

L u z i.

Holà , quelqu'un ! Lucile , eh vite, soyez prompte.

SCÈNE XVII.

LUCILE, LUZI, WERNER, le Comte de BANBERG.

LUCILE.

QUEL vacarme !

WERNER.

Victoire !

Le Comte de BANBERG.

Es-tu fou ?

WERNER.

Votre fils. . . .

Le Comte de BANBERG.

Eh bien !

WERNER.

Il vit.

Le Comte de BANBERG.

Mon fils ! . . .

WERNER.

C'est comme je le dis.

Le Comte de BANBERG *reconnaissant Luzi et allant
à lui.*

Luzi, mon cher Luzi, m'annonces-tu ton maître ?

LUZI.

Oui, monsieur ; et bientôt vous le verrez paraître.
Il se nomme Verlin.

LUCILE.

Et madame est ici.

Le Comte de B A N B E R G.

Il a donc une épouse ?

L u z i.

Oui, monsieur, Dieu merci.
(*A Lucile*).
Mademoiselle , allez dire à votre maîtresse
Qu'on demande à la voir pour affaire qui presse.
(*Lucile entre chez sa maîtresse*).
Et moi , je vais chercher en tout lieu son mari.

Le Comte de B A N B E R G.

Vas , cours , ne lui dis pas qu'il doit me voir ici :
Mon ami , ce secret est encore d'importance.
Moi, j'entre chez ma fille.
(*En entrant chez Madame Verlin*).
O sort ! ô providence !

F I N   D U   T R O I S I È M E   A C T E.

ACTE IV.

SCÈNE PREMIÈRE.

LUCILE *seule*, *transportée de joie*.

AH, si monsieur Verlin, en ce moment si cher,
Pouvait rentrer, ah, ciel! que de plaisir!... Werner!

SCÈNE II.

LUCILE, WERNER.

WERNER.

QUE voulez-vous de moi?

LUCILE.

Le Comte vous appelle.

WERNER.

Vous êtes bien en joie.

LUCILE.

Allez.

WERNER.

Mademoiselle,
Mon maître est donc encore chez vous!

LUCILE.

Certainement.
Allez donc.

WERNER.

Oh, j'y cours!

(Il sort).

SCÈNE III.

LUCILE, WOLF.

(*Lucile voulant sortir rencontre Wolf*).

WOLF.

Vous voilà, belle enfant!
Quel air aimable et gai !

LUCILE, *toujours dans la plus grande joie.*

C'est que je suis heureuse,
Et nous le sommes tous. . . . La chose est merveilleuse...
Monsieur Verlin. . . . Avec le voisin étranger. . . .
Oh, vous saurez cela ! . . . Mais pour vous abréger,
Aujourd'hui même il vient dîner avec madame ;
Préparez ce qu'il faut.
(*Elle sort en courant*).

WOLF.

Qu'est-ce donc qui se trame ?
Pourquoi cette dépense et cet empressement ?
Je ne puis revenir de mon étonnement.

SCÈNE IV.

WOLF, WERNER.

WOLF à *Werner qui passe en courant.*

Monsieur Werner, de grace où courez-vous si vîte ?

WERNER.

Gai, gai, notre hôte, allons, vive la joie !

WOLF.

Ensuite ;
M'en direz-vous la cause ?

WERNER.

Oh, je n'ai pas le temps !

WOLF.

Un seul mot. Qu'aviez-vous à faire là-dedans ?

WERNER.

Comment ! Eh, j'y prenais les ordres de mon maître !

WOLF.

Chez madame Verlin ! D'où peut-il la connaître ?

WERNER.

Va le lui demander. Moi je suis en chemin
Pour amener chez nous le comte de Ranzin.
Te voilà bien instruit. Laisse-moi passer, gare !

(*Il sort en courant*).

SCÈNE V.

WOLF *seul*.

Tout ce grand mouvement me paraît fort bizarre.
A qui donc en ont-ils ? Ils parlent en courant,
Ne s'expliquent sur rien. Oh, le trait est piquant !
Verlin et l'étranger. . . . L'étranger, le vieux Comte...
Diable, ceci pourrait déranger notre compte,
Et mérite, à coup sûr, quelque réflexion.
Ah, j'en ai grand besoin en cette occasion !

SCÈNE VI.

LE BARON, WOLF.

LE BARON *une lettre à la main.*

Te voilà bien pensif.

WOLF.

Et ce n'est pas sans causes,
Je vous en avertis. Il se passe des choses
Qui donnent à rêver : c'est un tapage, un bruit,
Des courses, une joie à me troubler l'esprit.

LE BARON.

Je crains moins que jamais ; et, sans que je l'excite,
Le bon Verlin se voue au parti de la fuite.
L'ordre a bien opéré : j'en suis débarrassé.
Il était sans argent, et j'ai tout avancé.
Il est loin.

WOLF.

Il s'attend, avec sa bonté d'ame,
Que vous allez, ce soir, lui renvoyer sa femme.
L'endroit est convenu ; mais je me doute bien
Qu'il aura beau l'attendre, et qu'il n'en sera rien.

LE BARON.

Pour pousser l'aventure à sa dernière crise,
Il faut que cette lettre à la dame remise. . . .

WOLF.

Une lettre, sans doute ? . . .

LE BARON.

A l'ordinaire.

9

WOLF.

Bon !

J'en devine le sens. Mais, monsieur le Baron,
Tout doit être pesé dans cette circonstance.
Il s'agit d'inspirer beaucoup de confiance ;
Dès-lors, gardez-vous bien de vous servir de moi :
La suivante déjà suspecte notre foi.

LE BARON.

Oui, fort bien ; j'emploierai quelque main inconnue.

WOLF.

Du premier désœuvré, qui sera dans la rue.

LE BARON.

Mais, pour savoir l'effet par la lettre produit,
Suit leurs pas, et fais-m'en un fidèle récit.
Sois tranquille : tu sais mon pouvoir sur les ames ;
Je trompe qui je veux.

WOLF.

Comment ! même les femmes !

LE BARON.

C'est-là le moins aisé ; mais l'on en vient à bout.
Personne n'est en garde ; il ne faut qu'oser tout.
Va, compte, à cet égard, sur mon expérience.

WOLF.

Oh, vous avez gagné toute ma confiance !
Heureux qui vous ressemble !

LE BARON.

Au reste, veille ici
Pour ton compte et le mien. Tu peux, dès aujourd'hui,
Toucher tes cent ducats.

(*Il sort*).

S C È N E   V I I.

W O L F *seul.*

MALGRÉ son assurance ,
Je tremble que du sort , quelque noire influence,
Ne découvre trop tôt la fourbe du Baron.
J'y serais compromis d'une étrange façon.
Ah ! je le sens , l'intrigue a peu de jours paisibles ,
Et j'entrevois pour moi bien des revers possibles :
Si cela dure encore , je retourne aux Verlins ,
Et changerai d'allure , ainsi que les destins.
Cent ducats sont fort bons à gagner, je l'avoue ;
Mais le cachot , au moins est mon lot, si j'échoue.
Que résoudre ! Comment , je ne pourrai savoir ,
Ce qu'en ce logement l'étranger peut vouloir !
S'il était à la porte , au moins quelque ouverture. . .
Ah , la maudite clef se trouve à la serrure !
J'aperçois quelque jour. . . Il est trop haut. . . . Voyons.
Pas trop mal pour lorgner ; mais d'abord , écoutons.

(*La porte s'ouvre*).

S C È N E   V I I I.

Madame V E R L I N , le Comte de B A N B E R G ,
L U C I L E , et W O L F.

L U C I L E *ouvrant la porte.*

LA curiosité me paraît un peu forte ;
Vous écoutiez encore !

W O L F.

Je voyais si la porte. . .

L U C I L E.

Il vaudrait mieux aller préparer ce qu'il faut,

10

SCÈNE IX.

Les mêmes, WERNER (*).

WERNER.

LE comte de Ranzin va venir au plutôt.

WOLF.

Le Comte !

(*Wolf sort*).

Madame VERLIN.

Il va venir, monsieur ; que vais-je faire ?

Le Comte de BANBERG.

N'ayez point de terreur.

Madame VERLIN.

Mais si, dans sa colère,
Il refuse un pardon que je veux mériter !
Il menace, dit-on, de me déshériter.
Il le peut. Si son cœur s'ouvre encor pour sa fille,
Je ne veux que l'aimer, rentrer dans sa famille.
Si près de le revoir, je sens là des remords,
Et suis moins disposée à me cacher mes torts :
Oui, j'ai pu refuser un époux méprisable ;
Mais m'en choisir un autre, ah, c'est être coupable !
La Providence est juste ; elle a proscrit mes jours.

Le Comte de BANBERG.

Le Comte est mon ami, madame ; il fut toujours
Un peu vif, mais bon père ; ardent, mais honnête homme :
C'est ainsi que par-tout à Prague on le renomme.
Laissez-moi pénétrer jusqu'au fond de son cœur,

(*) Madame Verlin, le comte de Bamberg, Werner, Lucile, Wolf.

Y trouver la vertu qu'y cache un peu d'humeur ;
Et je vous réponds , moi , d'en calmer le murmure ,
Et d'y faire écouter la voix de la nature.
Mais , pour vous dérober à son premier courroux ,
Faisons mieux ; laissez-moi lui présenter pour vous ,
Cette aimable Lucile en qualité d'amie !
Elle justifiera sa maîtresse chérie.

L u c i l e.

Ah , de bon cœur , monsieur ! . . . On vient.

Le Comte de B a n b e r g.

Vite , chez vous ,
Et comptez que je vais appaiser son courroux.
(*Madame Verlin et Lucile rentrent*).

S C È N E X.

Le Comte de RANZIN , WERNER au fond du théâtre ,
le Comte de BANBERG.

Le Comte de R a n z i n.

J e m'impatientais plus que vous , je le jure ;
Mais , avant de vous voir , je voulais tout conclure.
Dès demain , grace au ciel , Wolf et son cabaret
Ne nous reverrons plus : mon ouvrage est complet.

Le Comte de B a n b e r g *à Werner.*

Sors; je t'appellerai , si tu m'es nécessaire.
(*Werner sort*).

SCÈNE XI.

Le Comte de RANZIN, le Comte de BANBERG.

Le Comte de RANZIN.

VOILA tous les papiers concernant votre affaire.
Ami, vous êtes libre, et libre autant que moi.
Tenez, lisez.

Le Comte de BANBERG, *après avoir parcouru.*

O ciel ! mes biens et mon emploi,
Tout me serait rendu !

Le Comte de RANZIN.

Jusqu'à votre hôtel même,
Que, par une bonté que l'on peut dire extrême,
Le prince a racheté pour vous le rendre aussi.
En attendant, chez moi venez dès aujourd'hui :
Je ne puis vous souffrir dans ce lieu détestable.
Point de mais : il le faut ; je suis inexorable :
Point de remercîmens non plus ; car je les hais :
En vous rendant heureux, je le suis à jamais.

Le Comte de BANBERG.

De mes affreux soupçons j'aurai long-temps la honte :
C'est ma peine ; il faudra la subir, mon cher Comte.
Mais admirez du ciel les décrets infinis ;
C'est dans le même jour qu'il va me rendre un fils.

Le Comte de RANZIN.

Comment ! Où donc est-il ce cher fils ?

Le Comte de BANBERG.

Ici même.

Le Comte de R A N Z I N.

Pour moi, comme pour vous , c'est un bonheur extrême.

Le Comte de B A N B E R G.

En quel état , monsieur , l'ai-je trouvé pourtant !
Inconnu , poursuivi , malheureux , indigent.

Le Comte de R A N Z I N.

Le pauvre diable ! Hélas , vous déchirez mon ame !
Mais l'extrême malheur ne fut jamais un blâme.
Eh , que ne venait-il chez moi ?

Le Comte de B A N B E R G.

                    Mon fils aussi
A tous mes ennemis vous croyait réuni.

Le Comte de R A N Z I N.

Ah , je n'y pensais pas !

Le Comte de B A N B E R G.

                    Ce qui doublait sa peine ,
Ce qui l'a cause encor , c'est la secrette chaîne
Qui l'a rendu l'époux du plus aimable objet ,
Fille de qualité , dont le père le hait.

Le Comte de R A N Z I N.

N'avez-vous pas aussi la plus haute naissance ?
Ce père là se moque , ou bien est en démence.
Des malheurs de son père , un fils ne répond pas ;
Et , quelque soit votre homme , il doit faire grand cas
Du fils de mon ami.

Le Comte de B A N B E R G.

                    Je ne sais si sa haine
A quelqu'autre motif ; mais , Comte , il se déchaine

Avec tant de fureur contre les deux amans ,
Qu'il leur fait éprouver les malheurs les plus grands ;
Ils ont manqué de tout : le besoin les accable.

Le Comte de R a n z i n.

Voilà, sur mon honneur, un père bien coupable.
Comte , nommez-le-moi.

Le. Comte de B a n b e r g.

J'en ai trop dit de mal.

Le Comte de R a n z i n.

Si c'est la vérité, tout le reste est égal.
Nommez , nommez toujours , c'est lui faire justice ,
Et la haine de tous est la peine du vice :
J'ai droit de le connaître.

Le Comte de B a n b e r g.

Il est de mes amis.

Le Comte de R a n z i n.

En avez-vous beaucoup de semblables ? Tant pis.
Comment conserve-t-on des amis de la sorte ?
Ma curiosité n'en devient que plus forte.

Le Comte de B a n b e r g.

Il est aussi le vôtre.

Le Comte de R a n z i n.

Un méchant ! Non, parbleu !

Le Comte de B a n b e r g.

Sur lui vous pouvez tout.

Le Comte de R a n z i n.

Il verra donc beau jeu.
Son nom encore un coup ?

Le Comte de B a n b e r g.

J'ai peine à vous le dire.

Le Comte de R a n z i n.

Oh , je veux le savoir ! Comte , je vous admire.
Eh , pourquoi, s'il vous plaît , tant de ménagemens !
Point de fausse pitié pour les extravagans.
Son nom , morbleu , son nom , car je m'impatiente !

Le Comte de B a n b e r g.

C'est vous.

Le Comte de R a n z i n.

Moi !

Le Comte de B a n b e r g.

Vous-même, oui ; l'aveu vous épouvante ?
Avant tout , Arthénice implore son pardon.

Le Comte de R a n z i n.

Pardonner à ma fille ! Oh non, monsieur ! oh non !
Chose impossible ! Non.

Le Comte de B a n b e r g.

Je ne saurais vous croire :
Vous défendiez mon fils.

Le Comte de R a n z i n.

Oh, c'est une autre histoire !
Mais que diable m'a fille a-t-elle à faire ici ?

Le Comte de B a n b e r g.

Mon fils est son époux.

Le Comte de R a n z i n.

Quoi, ce Verlin ! . . . .

Le Comte de BANBERG.

C'est lui.

Son changement de nom vient de notre disgrace.

Le Comte de RANZIN.

Mon vieux ami, pardon ; il faut qu'on me le passe :
Ce scélérat choisit ma maison tout exprès !...

Le Comte de BANBERG.

Vous êtes trop ému, monsieur, et je me tais.

Le Comte de RANZIN.

Pardon, encore un coup ! Mais mon honneur, ma fille !

Le Comte de BANBERG.

Et, sauvez-les, monsieur ! Sauvez votre famille.

Le Comte de RANZIN.

Je serai de sang-froid ; je le veux. Mais voyons
Comment vous défendrez votre fils, les raisons
Que vous pourrez donner pour laver sa conduite.
A le justifier ; c'est moi qui vous invite.
Je vous écoute.

Le Comte de BANBERG.

Il voit votre Arthénice un jour :
Elle est faite, je crois, pour inspirer l'amour ;
Vous ne le nierez point : aux graces de sa mère,
Elle unit ses vertus et celles de son père.
C'est-là le digne objet que mon fils aperçoit.
Au tendre sentiment que son ame conçoit,
Il ne peut résister ; il lui parle : elle-même,
Loin de le dédaigner, s'en laisse aimer et l'aime.
Il veut se présenter à vous ; mais il apprend
Que de mes ennemis vous êtes le plus grand ;
Et l'on veut disposer de la main d'Arthénice,

Quand l'amour de Dorlheim est pour elle un supplice.
On l'aigrit, la menace ; et, pour le jour cruel,
Sous ces yeux tout s'apprête. Elle fuit de l'autel ;
Elle quitte une ville où sa mort est jurée,
Et va chercher plus loin quelque heureuse contrée,
Où des nœuds éternels l'attachent à mon fils.

Le Comte de R a n z i n.

L'ingrate !

Le Comte de B a n b e r g.

Tous les deux, enfans toujours soumis,
Sont remplis du respect qu'ils doivent à leur père.

Le Comte de R a n z i n.

C'est où je vous attends : la preuve est singulière,
Et votre fils sur-tout m'écrit très-poliment.
Rien n'est moins ménagé, rien de plus insolent.

Le Comte de B a n b e r g.

Le fait est à tel point, monsieur, invraisemblable...

Le Comte de R a n z i n.

C'est une vérité, monsieur, incontestable.

Le Comte de B a n b e r g.

Qu'on vous écrit, d'accord ; mais que ce soit mon fils,
Le doute, assurément, peut bien m'être permis.
Croyez-moi, voyez-les, et daignez les entendre ;
Votre fille sur-tout.

Le Comte de R a n z i n.

Je ne puis vous comprendre.
Voir ma fille, monsieur ! Non, absolument, non.
Je ne la verrai point.

Le Comte de B a n b e r g.

Un homme juste et bon....

Le Comte de R A N Z I N.

Je prétends bien ici me défendre de l'être.
Mais tout ce beau roman, douteux, et faux peut-être,
De qui le tenez-vous ? Car ce matin encor,
Comte, vous n'en saviez pas un seul mot.

Le Comte de B A N B E R G.

D'accord.
Dans cette chambre-là, loge une digne femme,
Qui, par tout ce récit, a déchiré mon ame ;
Qui chérit votre fille, adoucit son ennui :
Par esprit d'équité, cher Comte, parlez-lui.

Le Comte de R A N Z I N.

Inutile démarche.

Le Comte de B A N B E R G.

Elle est très-nécessaire.
Quoi ! votre cœur n'est donc pour rien dans cette affaire ;
Et, pour vous décider, vous n'aurez consulté
Qu'un bruit calomnieux, et la mechanceté.
Des rapports non prouvés, et quelque fausse histoire,
Qu'un homme, tel que vous, n'aurait jamais dû croire ! . . .
Écoutez cette femme, au nom de l'amitié. . . .
Vous ne répondez point ! Vous me faites pitié.
Reprenez vos bienfaits, monsieur, je les rejette ;
Vivre avec mes enfans au sein de la retraite,
Convient mieux à mon cœur, me semblera plus doux,
Que de jouir d'un bien que je tiendrais de vous.

Le Comte de R A N Z I N.

Vous êtes singulier, monsieur ! Par bonté d'ame,
Quand j'aurai, pour vous plaire, écouté cette femme,
Créature vendue à de lâches ingrats,
Qu'en arrivera-t-il ? Je ne la croirai pas.

Le Comte de B A N B E R G.

Ah , du moins, mon ami , vous l'aurez entendue !

Le Comte de R A N Z I N.

Comte , il me faut ici beaucoup de retenue ,
Car je perds patience. . . Enfin, vous le voulez ;
Faites-moi donc venir celle dont vous parlez.

Le Comte de B A N B E R G.

Je cours la faire entrer.

(*Il sort*).

S C È N E X I I.

Le Comte de R A N Z I N *seul.*

Voyez comme il s'empresse !
C'est , ma foi , tout le feu de la folle jeunesse ;
Mais il est dans l'erreur , et des gémissemens ,
Des pleurs , ne pourront point changer mes sentimens.

S C È N E X I I L

LUCILE , Le Comte de RANZIN , Madame VERLIN dans
l'éloignement , le Comte de BANBERG.

Le Comte de B A N B E R G *à Lucile.*

Venez , venez , madame; allons, prenez courage :
De la victoire en vous je vois l'heureux présage.
Défendez votre amie.

Le Comte de R A N Z I N *sans regarder.*

Eh bien , approchez-vous !
Vous avez donc voué des sentimens fort doux
A la fille imprudente , à la coupable fille ,
Qui me couvre d'opprobre ainsi que ma famille ?

LUCILE.

Quels discours offensans! C'est contre la vertu
Qu'à cet excès, monsieur, je vous vois prévenu,
Vous, monsieur, vous, son père! Ah, voyez Arthénice,
Et vous allez rougir d'une telle injustice!

Le Comte de RANZIN.

Vous avez bien du zèle à ce qu'il me paraît.
Mais connaissez-vous bien votre amie en effet?

LUCILE.

Moi, si je la connais! Oui. Je vais vous la peindre
Avec la vérité qui ne peut se contraindre.
S'il est un père heureux encor par ses enfans,
C'est vous-même, oui, monsieur. Honneur, graces, talens,
Tout fait de votre fille un objet qu'on envie.
La femme la plus sage est partout son amie.
Sa fuite, je le sais, fut un crime à vos yeux;
Mais dût-elle conclure un hymen odieux,
Dont un aveuglement, qui n'est pas concevable,
Vous avait fait signer l'arrêt irrévocable?
N'épuisa-t-elle pas d'abord tous les moyens
Qui pouvaient l'affranchir du plus dur des liens,
Et dût-elle se voir ainsi sacrifiée?
Dorlheim s'est fait connaître, et l'a justifiée:
Convenez-en, monsieur. C'est elle cependant
Que poursuit votre haine avec acharnement;
C'est elle qui, par-tout méconnue, étrangère,
Elève au ciel ses mains, et lui demande un père,
Ce père qui l'aima, qui connut ses vertus....
(*Vivement*).
Non, je ne ferai pas des efforts superflus,
Et vous consentirez à la voir, à l'entendre.
Ne croyez pas qu'ici je vienne vous surprendre:
Ce rôle n'est pas fait pour Arthénice et moi:
La vérité, monsieur, est ma première loi.

Le Comte de R a n z i n.

Vous m'étonnez, madame, et pourriez me séduire,
Si les faits n'avaient pas de quoi vous contredire.

L u c i l e.

Les faits, monsieur, les faits ! Je les invoque ici ;
Ils parlent tous pour elle, et sont tous son appui.
Daignez les discuter avec poids et mesure,
En écarter sur-tout la voix de l'imposture,
Et ne pas avilir ce qu'il faut estimer.

Le Comte de R a n z i n.

Vous me prouvez déjà qu'elle se fait aimer :
Votre zèle animé pour elle m'intéresse ;
Mais ne demandez pas de moi plus de faiblesse.
Prenez ce porte-feuille, et sachez ses besoins ;
C'est à vous d'y pourvoir : je la livre à vos soins.
Elle ne peut avoir une meilleure amie. . . .
        (*Lucile refusant le porte-feuille*).
Quoi, vous refusez ! . . .

L u c i l e.

            Tout d'une main ennemie.

Le Comte de R a n z i n.

Ah, c'en est trop ! Sensible au son de votre voix,
J'allais me démentir en oubliant mes droits ;
Mais ce refus a fait renaître ma colère.

L u c i l e.

Moi, je veux vous prouver que vous êtes bon père.

Le Comte de B a n b e r g.
Voyez-la.

Le Comte de R a n z i n.

Moi, la voir ! Je ne réponds de rien.

Le Comte de BANBERG, *faisant signe à madame*
Verlin de tomber aux pieds de son père.

Moi, je réponds de tout, oui, mon cher Comte....

Le Comte de RANZIN.

Eh bien !
Quelle autre femme encor !... Que veut-on ?... Arthénice !

Madame VERLIN.

Ah, mon père !...

Le Comte de BANBERG.

Achevez de lui rendre justice.

Le Comte de RANZIN.

(*Au comte de Banberg*).
Ingrate, quoi, c'est vous !... Qu'avez-vous fait, ami !

Madame VERLIN.

O mon père !...

Le Comte de RANZIN.

Arthénice ! es-tu ma fille ?

Madame VERLIN.

Oui.
Pardon, pardon, mon père !

Le Comte de RANZIN.

Eh bien, je te pardonne !
(*Il la relève ; elle tombe dans ses bras*).

LUCILE.

Je le savais bien, moi, que votre ame était bonne,
Que vous seriez heureux d'avoir à pardonner.

Le Comte de RANZIN.

Oui, je le suis, ma fille, et ne puis discerner
Si, quand tu vis le jour, je le fus davantage.

Madame V e r l i n.

O père vertueux, achevez votre ouvrage !
Mon époux est le fils du Comte votre ami....

Le Comte de R a n z i n.

Il m'a trop fait de mal ; laisse-moi, loin de lui...

Madame V e r l i n.

Je vous aime mon père, et mon unique envie
Est de vous consacrer tous les jours de ma vie ;
Mais, entre deux devoirs, également chéris,
Pourriez-vous prononcer pour vous seul contre un fils !
Vous me diriez bientôt, vous-même, j'en suis sûre :
Ton époux a ses droits, ainsi que la nature ;
Tu ne peux servir l'un aux dépens du premier,
Et rien de tes sermens ne peut te délier.

Le Comte de R a n z i n.

Tu peux avoir raison ; mais songe que ton père
S'est vu persécuté d'une étrange manière.
Trop d'obstination ne peut que me blesser :
Puis-je oublier combien il a su m'offenser !

SCÈNE XIV.

LUCILE, Madame VERLIN, un COMMISSIONNAIRE
  portant une lettre, le Comte de RANZIN, le Comte
  de BANBERG.

Le Comte de R a n z i n.

Qu'est-ce ? Que nous veux-tu ? Parle. A qui cette lettre ?...
Dis-donc, faquin ?

L e C o m m i s s i o n n a i r e.

        Je suis chargé de la remettre
A madame Verlin.

Le Comte de RANZIN.

Eh, de la part de qui ?

LE COMMISSIONNAIRE.

De qui , monsieur ? Je crois qu'elle est de son mari.

Le Comte de RANZIN.

Donne-la.

Le Comte de BANBERG *à Madame Verlin.*

De mon fils ! Eh, pourquoi vous écrire?

Le Comte de RANZIN *à la même.*

Prends , lis... O ciel , la lettre a semblé l'interdire !

(*Madame Verlin s'évanouit et laisse tomber la lettre*).

Le Comte de BANBERG.

Venez , venez , madame.

Le Comte de RANZIN.

En son appartement
Allez , conduisez-la , cher Comte , promptement.

(*On emmène Madame Verlin*).

S C È N E X V.

Le Comte de R A N Z I N *seul.*

Du sujet de son trouble , au moins je puis m'instruire.

(*Il ramasse la lettre et lit*).

   « Adieu , madame : le malheur ne cesse de
» me poursuivre. Vous avez trop peu de
» courage pour en partager le poids avec
» moi , et j'ai senti qu'il fallait séparer mon
» sort du vôtre.

Comment !

   « Réconciliez-vous avec le Comte votre père,
» et oubliez-moi , comme je vais m'efforcer
» de vous arracher de mon souvenir.

Le scélérat ! Mais achevons de lire.

   « Je donne , par cette lettre , mon consen-
» tement à une séparation désirée , peut-
» être depuis long-temps , par vous-même.
» Adieu ; n'espérez plus me revoir ».

              V E R L I N.

Quelle lettre ! Un cahot s'élève devant moi.
Je veux voir ce Verlin qui cause mon effroi,
Qui fuit, brave à-la-fois l'amour et l'hyménée,
Et quitte insolemment ma fille infortunée ;
Oui , je veux lui parler : tous mes gens, mes valets
Rempliront les chemins , et vont courir après.
Je ne sais que penser ; que résoudre, que croire,
Et ne vois qu'un abîme en toute cette histoire.
Voyons sur-tout Preising ; il faut en ce moment
Que j'obtienne de lui quelque éclaircissement.

FIN DU QUATRIÈME ACTE.

ACTE V.

SCÈNE PREMIÈRE.

WOLF seul.

Rien ne m'est échappé de ce qu'ils ont pu faire ,
Et , grace à mon coup-d'œil, je sais toute l'affaire.
Oh , je sacrifierai le Baron clair et net !
Je le puis. . . . Il le faut. Un bon aveu du fait
Peut me tirer d'intrigue , et me rendra peut-être
Tout ce que je puis perdre en qualité de traître.
Traître , soit : comme on dit , d'abord *primo mihi.*
Point de scrupule, allons : en avais-je avec lui ! -
Personne n'est en garde , à ce qu'il dit : peut-être
Tout aussi-bien qu'un autre , il pourrait n'y pas être.
Ma foi , tant pis pour lui ! l'orage fond sur moi.
Sauve qui peut : chacun dans ce siècle est pour soi.
             (*Il regarde à la porte de l'étranger*).
Ici , je n'entends rien. Le Comte est chez la dame.
Allons , courage , Wolf , un peu de grandeur d'ame ,
Et dis la vérité quand le mensonge nuit.
             (*Lorgnant à l'autre chambre*).
Voyons dans l'autre chambre , et faisons peu de bruit.
Excellence ! excellence !

SCÈNE II.

Le Comte de BANBERG, WOLF.

Le Comte de BANBERG.

Eh bien ?

WOLF.

Bonne nouvelle.
Parlons bas : cette affaire est très-essentielle.

Le Comte de BANBERG.

Dis vîte.

WOLF.

Volontiers. C'est un très-grand secret
Qui vous étonnera, que personne ne sait.

SCÈNE III.

Le Comte de BANBERG, WOLF, le Comte de RANZIN,
ALBERT au fond.

Le Comte de RANZIN.

Il est à nous enfin, mon ami : grande joie !
Votre fils. . .

Le Comte de BANBERG.

Quoi ! Verlin, le Ciel me le renvoie !

Le Comte de RANZIN *montrant son valet.*

Mon Albert l'a rejoint. J'avais sur-tout prescrit
Qu'on me le ramenât dans cet hôtel maudit ;
Qu'à toutes questions on gardât le silence.
Vas, cours chercher Preising ; sur-tout fais diligence.

SCÈNE IV.

Le Comte de RANZIN , WOLF , le Comte de BANBERG.

WOLF.

POURRAIS-JE maintenant. . . .

Le Comte de RANZIN *à Wolf qui s'approche de lui.*

Eh bien, que voulez-vous ?

Le Comte de BANBERG.

Il s'agit d'un secret très-important pour nous ,
Qu'il veut nous révéler.

Le Comte de RANZIN.

Un secret ! Soit , j'écoute.

WOLF.

Pour vous en faire part, je le jure, il m'en coûte
Deux cents ducats tous neufs qu'on me promis hier.

Le Comte de RANZIN.

Deux cents ducats , maraud ; c'est un secret fort cher !

WOLF.

Il les vaut, sur ma foi, s'il ne vaut davantage.
Il les vaut.

Le Comte de BANBERG.

Nous verrons, et je t'en dédommage.

WOLF.

Oh , je me fie à vous ! mais à votre grandeur ,
Si ma conduite était suspecte par malheur. . .
Un pardon en ce cas. . . .

Le Comte de RANZIN.

Le coquin est coupable.

WOLF.

Oh , par faiblesse au plus , car je suis un bon diable !

Le Comte de BANBERG.

On te pardonnera.

Le Comte de RANZIN.

S'il ne bavarde point :
Sans cela , je m'oppose à l'un et l'autre point.

WOLF.

Je ne dirai , messieurs , rien que ce qu'il faut dire.
(*Au comte de Bamberg*).
A sa femme aujourd'hui votre fils vient d'écrire :
Je pense qu'il s'agit de séparation.

Le Comte de RANZIN.

Après !

WOLF.

La lettre est fausse , oui , fausse , vous dit-on.

Le Comte de RANZIN.

Imbécille ou fripon , je connais l'écriture.

WOLF.

Sur cet article-là , ma science est plus sûre.

Le Comte de RANZIN.

Mais je l'ai confrontée avec d'autres.

WOLF.

Eh bien !
La confrontation ne peut servir à rien ,
Si , comme celles-ci , les autres imitées ,
Et de la même main vous ont été portées !
Il n'est que trop connu qu'un art industrieux
Imite tout si bien qu'il fascine les yeux.

Le Comte de BANBERG.

Je respire ! poursuis.

WOLF.

Dans cet art difficile,
Il est certain Baron qui se dit très-habile.

Le Comte de RANZIN.

Quel Baron ! Que dit-il ?

WOLF.

Nous le connaissons tous.

Le Comte de RANZIN.

Maître Wolf, s'il vous plaît, ne parlez que de vous ;
J'amais d'aucun fripon je n'eus la connaissance.

WOLF.

Il se nomme Preising.

Le Comte de RANZIN.

Maraud ! quelle insolence !
Mon parent !

WOLF.

Vous saurez qu'à Verlin aujourd'hui,
Il a fait voir un ordre obtenu contre lui,
Et que, l'ayant par-là fait craindre pour sa vie,
Il l'a conduit à fuir, á quitter sa patrie.

Le Comte de RANZIN.

Mais, dis-moi, scélérat, pourquoi l'aurait-il fait ?

WOLF.

Quelques détails de plus éclairciront le fait.
Je loge vos enfans que le Baron m'amène.
Il me fait confidence, en la même semaine,
Que vous en voulez fort à Verlin ; et dès-lors,

Pour me corrompre, il met en jeu tous ses ressorts,
Me flagorne à plaisir, s'acharne à me séduire,
Me promet cent ducats, deux cents, j'ai voulu dire,
Si je puis désunir les deux tendres époux,
Semer entre eux l'aigreur et les soupçons jaloux ;
Et le rusé Baron, qui vous courtise, espère
Que, par un testament fait dans votre colère,
Vous déshériterez votre fille pour lui :
Mais, voyant qu'il n'a pas encore réussi,
Et qu'il ne peut avoir le bien sans la personne,
Il les fait arriver ; et sans qu'on le soupçonne,
Fait sa cour à la dame, éloigne le mari...
Et... vous savez le reste.

> Le Comte de B a n b e r g.

     Ah, tout est éclairci !

> Le Comte de R a n z i n *au comte de Bamberg.*

Mais d'où sait-il ?...

>   W o l f.

      J'étais l'agent de cette affaire ;
Mais mon honneur me fait dévoiler le mystère.

>   Le Comte de R a n z i n.

Tu m'épouvantes ! Wolf. Ecoute : si tu mens,
Je te fais assommer.

>   W o l f.

      Eh bien ! soit, j'y consens.
Sa grandeur, je le vois, ne me croit qu'avec peine,
Et je ne prouve rien à son ame incertaine.
Eh bien, j'amènerai Wenzel qui m'appuyera !
Il est instruit de tout ; il vous révélera
Ce qu'il sait du Baron, concernant votre fille,
Et ce qui s'est tramé contre votre famille.

SCÈNE V.

Le Comte de RANZIN, ALBERT, le Comte de BANBERG,
WOLF.

ALBERT.

J'AI trouvé le Baron ; bientôt vous le verrez.

Le Comte de BANBERG.

Cher Comte, en le voyant vous vous emporterez ?

Le Comte de RANZIN.

Non, non, comptez sur moi, mon ami ; laissez faire :
Le besoin, une fois, vaincra le caractère.

Le Comte de BANBERG.

Un homme aussi méchant en saura plus que vous.
Non, vous ne pourriez point calmer votre courroux.
M'en croirez-vous, ami, tenons-nous en arrière ?
C'est à Wolf à trouver la plus sûre manière
De lui faire avouer ses noirceurs assez haut,
Pour que nous les puissions entendre comme il faut.

WOLF.

Je vous réponds, messieurs, de lui faire tout dire.

Le Comte de BANBERG.

Venez.
(Il emmène le comte de Ranzin dans son appartement).

Le Comte de RANZIN.

C'est malgré moi qu'ainsi je me retire.

S C E N E V I.

L E B A R O N , W O L F.

L e B a r o n.

Le comte de Ranzin me fait venir chez toi :
Sais-tu ce qu'il me veut ?

W o l f.

On se cache de moi ;
Mais je crois entrevoir quelque fâcheuse issue. . . .
(*Les Comtes de Ranzin et de Banberg paraissent à la porte*
de l'appartement).

L e B a r o n.

Poltron ! Comment la lettre a-t-elle été reçue ?

W o l f.

C'est-là précisément ce qui me fait trembler.
L'écriture peut bien en effet ressembler ;
Mais , madame Verlin , voyant mieux que son père ,
Peut juger cet écrit d'une main étrangère.
S'ils allaient soupçonner que la lettre est de vous ,
Quel moyen d'échapper à leur juste courroux ?

L e B a r o n.

Imbécille ! tu n'as que tes frayeurs en tête ;
Mais je saurai , crois-moi , conjurer la tempête :
Quand je les aurai vus , crois qu'ils s'appaiseront ,
Et que sur tout ceci tous les deux me croiront.

W o l f.

Les tromper plus long-temps n'est pas chose facile.

L e B a r o n.

Je défierai toujours l'expert le plus habile
De juger un écrit que j'aurai contrefait :
De ce que je te dis , tu pourras voir l'effet.
Sois tranquille.

WOLF.

Monsieur, tant de lettres écrites
Peuvent vous attirer de fâcheuses poursuites :
Je n'y prends point de part.

LE BARON.

Rassure-toi, coquin ;
Je te garantis tout.

(*Les deux Comtes paraissent tout-à coup*).

SCÈNE VII.

LE BARON, le Comte de RANZIN, le Comte
de BANBERG, WOLF.

Le Comte de RANZIN.

JE te connais enfin.

LE BARON.

Ah, ciel !

Le Comte de RANZIN.

Tu recevras bientôt ta récompense.
Ma fille, holà, quelqu'un !

SCENE VIII.

LE BARON, Madame VERLIN, le Comte de RANZIN,
le Comte de BANBERG, WOLF, LUCILE.

Le Comte de BANBERG.

LA voici qui s'avance.

Le Comte de RANZIN.

O fille trop à plaindre, embrasse-moi cent fois !
Il me faut réparer bien des torts. . . . Je le dois.
(*Pendant que le comte de Ranzin continue, le Baron
consterné examine leur maintien*).

Je ressens tous les maux dont tu fus oppressée.
Mais je fus abusée ; je te crus insensée.
Pardonne ! dans l'instant Verlin doit arriver ,
Ma fille ; et , pour toujours , tu vas le retrouver.

L e B a r o n.

Verlin !

Madame V e r l i n.

Connaissez-vous enfin notre innocence ,
O mon père ?

Le Comte de R a n z i n.

Oui , ma fille , et j'en dois l'évidence
Au Baron qui , lui-même , a mis au plus grand jour ,
Des horreurs qui de moi l'éloignent sans retour.

Madame V e r l i n.

Ciel ! il nous trahissait ! Je suis épouvantée
De ce que j'entrevois.

L u c i l e.

Il ne m'a pas trompée.

Madame V e r l i n.

Moi-même j'ai remis mon époux dans ses mains.
Qu'en a-t-il fait ? Ah , ciel ! quels étaient vos desseins ?
Rendez-le moi , cruel !

Le Comte de R a n z i n.

Compte sur ma vengeance.

L e B a r o n.

Mon oncle ! . . .

Le Comte de R a n z i n.

Je rougis d'une telle alliance.

LE BARON.

Cet être méprisable a trahi mon secret ;
Je devais me choisir un agent plus discret.
Je perds votre fortune, une femme adorable,
Si j'avais reussi, je n'étais plus coupable.

Le Comte de RANZIN.

Scélérat !...

(Le Baron sort).

(A Wolf).

Je verrai si je dois vous servir,
Et me fier assez à votre repentir.

(Wolf sort).

SCÈNE IX ET DERNIÈRE.

Madame VERLIN, le Comte de RANZIN, VERLIN
entouré de valets, le Comte de BANBERG, LUZI,
LUCILE.

LUCILE.

LE voilà ! le voilà !

Le Comte de BANBERG (*).

Dieu ! mon fils !

VERLIN.

O mon père !

.Le Comte de BANBERG.

Mon cher fils !

VERLIN.

Est-ce vous, vous que j'aime et révère,
Vous que j'ai tant pleuré ?

Le Comte de BANBERG.

Ah, je mourrai content!

Je te vois, je te tiens !

_____

(*) Lucile, madame Verlin, le comte de Ranzin, Verlin, le comte
de Bamberg, Luzi,

V E R L I N.

Eh ! quel Dieu bienfaisant
Vous rend à notre amour !

Le Comte de B A N B E R G.

Ranzin.

V E R L I N.

Lui ! Quoi, le Comte
Mon ennemi , que rien ne fléchit et ne domte !

Madame V E R L I N.

Arrête ! c'est par lui que nous serons heureux ,
Oui, Verlin, ce bon père. . . .

L U C I L E.

Il comblera vos vœux :
Soyez tranquille.

Madame V E R L I N.

Ami , tu frémiras d'entendre ,
Par quel art infernal Preising sut le surprendre.

Le Comte de R A N Z I N.

J'en rougis , mais sois sûr que tu seras vengé.

V E R L I N *se jette aux pieds du comte de Ranzin.*

Qu'ai-je entendu ! Monsieur, je sais les torts que j'ai.
Plein d'amour , et tout près de perdre votre fille ,
Je vins, je l'arrachai du sein de sa famille.
Pourrez-vous pardonner ce crime de mon cœur.

Le Comte de R A N Z I N.

Lève-toi , viens, mon fils ! Je chéris cette erreur
Qui me fut si cruelle , et que je te pardonne :
Tu vins me la ravir, et moi je te la donne.

VERLIN.

Mon épouse, mon père, et vous mon bienfaiteur,
Vous partagez tous trois également mon cœur :
Je dois la vie à l'un, à l'autre un sort propice,
Et tous les biens ensemble à ma chère Arthénice !

Madame VERLIN *prenant Lucile par la main,*

Suivez-nous, chère amie, et devenez ma sœur.
Ne nous quittons jamais.

LUCILE.

Vous comblez mon bonheur.

LE Comte de RANZIN.

Fort bien. Nous connaissons vos vertus et votre ame.
Je vous nomme ma fille.

LUCILE.

Ah, monsieur !... Ah, madame !..

VERLIN.

Instant délicieux, qui nous rassemble tous !

Le Comte de RANZIN *à Verlin.*

Celui de pardonner, mon fils, est aussi doux.

FIN.

A PARIS, DE L'IMPRIMERIE DE BELIN,
Rue Jacques, n°. 22.

www.ingramcontent.com/pod-product-compliance
Lightning Source LLC
Chambersburg PA
CBHW060642100426
42744CB00008B/1729